Jörg Dierken

Gott und Geld

Jörg Dierken

Gott und Geld

Ähnlichkeit im Widerstreit

Mohr Siebeck

Jörg Dierken, geboren 1959; Inhaber des Lehrstuhls für Systematische Theologie/Ethik an der Martin-Luther-Universität Halle-Wittenberg.

ISBN 978-3-16-155452-0

Die Deutsche Nationalbibliothek verzeichnet diese Publikation in der Deutschen Nationalbibliographie; detaillierte bibliographische Daten sind im Internet über *http://dnb.dnb.de* abrufbar.

Das Buch wurde von Computersatz Staiger in Rottenburg/N. aus der Stempel Garamond gesetzt, von Gulde Druck in Tübingen auf alterungsbeständiges Werkdruckpapier gedruckt und gebunden.

Vorwort

Seit der biblischen Kontrastierung von Gott und Mammon ist der Vergleich von Gott und Geld ein klassischer Topos mit mannigfachen Spuren in Theologie und Kultur – von Luthers Großem Katechismus über Goethes Faust und Benjamins Kapitalismus-Fragment bis hin zu aktuellen Parallelisierungen der Kreativität von Bankern mit der Schöpferkraft Gottes. Zumeist wird in diesem Vergleich der Gegensatz betont. Möglich ist er aber nur, wenn es auch Ähnlichkeiten gibt. So sind Gott und Geld Zeichen oder Begriffe, die eine reale Wirkung in der Welt hervorrufen. Sie sind omnipräsent und allgegenwärtig, können sich in alles verwandeln und halten die Welt durch universalen Austausch im Innersten zusammen. Sie motivieren menschliches Handeln und formen unser Denken. Dieses Büchlein erkundet solche Ähnlichkeit im Widerstreit mithilfe kategorialer Analysen von Gott und Geld, die beide im Lichte des jeweils anderen schärfer konturieren.

Bei der Entstehung dieses Büchleins habe ich vielfältige Unterstützung erfahren. Herrn Dr. des. Constantin Plaul danke ich für die Durchsicht des Textes, fruchtbare Diskussionen und hilfreiche Hinweise. Frau Lea Hähnel-Bremer und Herr Jakob Simon seien für ihre Hilfe bei der Druckvorbereitung und Korrektur bedankt. Herrn Dr. Henning Ziebritzki gebührt mein Dank für die Aufnahme des Essays in das Verlagsprogramm, ihm sowie den weiteren Mitarbeiterinnen und Mitarbeitern des Verlags Mohr Siebeck danke ich für die bewährt gute Zusammenarbeit bei der Drucklegung. Schließlich bedanke ich mich bei der Martin-Luther-Universität Halle-Wittenberg für einen namhaften Druckkostenzuschuss.

Halle (Saale), im Mai 2017 Jörg Dierken

Inhalt

1. Phänomenale Streiflichter

Gott und Geld sind einander ebenso konträr wie ähnlich. Dass zwischen beiden ein ausschließender Gegensatz besteht, drängt sich in den Fluchtlinien des klassischen Bibelworts „Ihr könnt nicht Gott dienen und dem Mammon" auf (Mt 6,24; Lk 16,13). Dass gleichwohl große Ähnlichkeit waltet, illustriert Luthers Beschreibung des Glaubens an Gott durch den Vergleich mit dem Mammon: An beide hänge man sein Herz.[1]

Freilich betont Luther sofort, dass dieser Vergleich einer Logik von „Exempeln des Widerspiels" folgt (560). Was Gott ist, soll gerade an einer Negativfolie deutlich werden, nämlich der des Abgotts. Einen „Gott haben [ist] nichts anderes …, denn ihm von Herzen trauen und gläuben, wie ich oft gesagt habe, daß allein das Trauen und Gläuben des Herzens machet beide Gott und Abegott". Danach ist das subjektive Verhalten die Instanz, die Gott und Abgott ‚macht'. Doch auch die subjektive Hingabe kann dadurch qualifiziert werden, dass „Glaube und Vertrauen recht" sind, wobei einem ‚rechten' Glauben und Vertrauen entspreche, dass „dein Gott recht" ist – wie auch umgekehrt der Gott eines falschen und unrechten Vertrauens „nicht recht" sein kann (ebd.). Die

---

[1] Vgl. M. Luther, Der große Katechismus, Das erste Gebot, in: BSLK (Ausg. Göttingen 1930), 560 (im Folgenden Nachweise im Text in Klammern).

Vergleichspunkte verschieben sich offenbar von der subjektiven Herzensausrichtung als Gradmesser gleicher Divinität von Gott und Mammons-Abgott zu deren Gegensatz, der wiederum auch das Herzensvertrauen zwischen ‚recht' und ‚nicht recht' qualifizieren soll. So könne auch der, „der meinet, er habe Gott und alles gnug, wenn er Geld und Gut hat", „auch einen Gott" haben: „Der heißet Mammon, das ist Geld und Gut, worauf er all sein Herz setzet, welchs auch der allergemeinest Abgott ist auf Erden" (561). Dass das Geld trotz seiner Stiftung von Herzensglauben nicht Gott, sondern der Abgott ist, wird nach Luther dadurch ersichtlich, dass Präsenz und Entzug unmittelbar zu entsprechenden subjektiven Befindlichkeiten führen: Der Besitz von Geld mache „fröhlich und unerschrocken", sein Fehlen führe allerdings zu Verzweiflung und Verzagtheit (ebd.). Durch den bei aller Ähnlichkeit betonten Gegensatz von Gott und Geld wird die Fährte gelegt, dass Gott sich im Unterschied zum Geld auch durch sein Fehlen hindurch fortsetze, er mithin die Fähigkeit zum Wirken durch Abwesenheit und Negation hindurch habe. Denn gerade in „Nöten" soll man „Zuflucht" zu Gott haben und sich zu ihm „versehen", gerade hier werde der wahre Gott als „ewige[s] Gut ... helfen und mit allem Guten reichlich überschütten" (563; 560). Diese Differenz von Gott und Geld sprengt das Wechselspiel, das ihre gleichsam göttliche Qualität zunächst auszuzeichnen schien. Nach dessen Logik müsste der, der Gott nicht hat, ihm auch nicht im Glauben vertrauen können – ähnlich wie der, dessen Geld-Gott sich durch Abwesenheit auszeichnet, „zweifelt und verzagt, als wisse er von keinem Gott. Denn man wird ihr gar wenig finden, die guten Muts seien, nicht trauren noch klagen, wenn sie den Mammon nicht haben" (561). Anders als beim Geld ist die Psychologie des wahren Glaubens an den wahren Gott nach Luther durch eine Dimension des Kontrafaktischen geprägt: Gott bleibt auch im Negativen der Not das Ziel des Glaubens, er wird auch durch Abwesenheit und Verzweiflung hindurch im Glauben an seine Güte, die die Not wendet, präsent. Demgegenüber führe das Fehlen von Geld, zu ‚Zagen' und ‚Zweifeln' (vgl. ebd.). Die Entsprechung von Gott und Geld hat offensichtlich ihre Grenze im Umgang mit Negativität: Dem Geld und seiner subjektiven Resonanz mangelt es im Unterschied zu Gott in seinem Glauben an der Möglichkeit zur Umkehrung der Verhältnisse in kontrafaktischer Weise, so sehr beide Präsenz und Entzug umfassen. Gott hat nach Luther offenbar ein anderes Verhältnis zu Negativität als das Geld, obwohl es auch im Modus von ‚Nicht-Haben' als Klagegrund thematisch und wirksam ist. Diese Unterscheidung von Gott und Geld am Maßstab des Umgangs mit Negativität erfährt strukturell noch eine Zuspitzung, insofern das Geld in Form von Schulden selbst im Modus seines Gegensatzes erscheinen kann. Das ist allerdings nicht mehr in Luthers Horizont und muss vor einem anderen Hintergrund aufgerufen werden.

Das verschlungene Ähnlichkeits- und Gegensatzverhältnis von Gott und Geld zeigt sich nicht erst bei Luther, sondern bereits in biblischen Traditionen. Erinnert sei nur das sog. ‚Matthäus-Prinzip' „Wer da hat, dem wird gegeben werden" (Mt 25,29) im Kontext des Gleichnisses von den anvertrauten Silberzentnern, in dem die Ökonomie des Heils mit kluger, weil gewinnorientierter Haushalterschaft über das gegebene Vermögen verglichen wird. Umgekehrt kann der Gegensatz von Gott und Mammon an das Gleichnis vom unehrlichen Verwalter anschließen (Lk 16,1 ff.). Es sieht Klugheit darin, sich „Freunde mit dem ungerechten Mammon" zu machen. Das Vorbild dafür ist der betrügerische Schulderlass durch einen Vermögensverwalter zulasten des Eigentümers, der von diesem darum entlassen wird und im Vorgriff darauf nach neuen Freunden bei den ehemaligen Schuldnern des Eigentümers sucht (Lk 16,9). Gewiss gibt es eine Grundlinie von Aussagen, dass Geld und Gott nicht zusammenpassen und irdischer Reichtum vom Heil ausschließt, und gewiss gilt die bereits im Alten Testament etablierte Ordnung einer Sozialpflichtigkeit des Eigentums bis hin zu regelmäßigem Schuldenerlass. Doch es ist nicht zu übersehen, dass Geld und Gott auch eine geradezu unheimliche Nähe im Gegensatz auszeichnet. Die Erzählung vom Goldenen Kalb, in deren Hintergrund ein Religionskonflikt um den wahren Führer als Repräsentant Gottes bei der Wüstenwanderung schimmert, lässt das Gold geradezu zum Gegen-Gott werden. Dessen Huldigung bedroht den Allerhöchsten, sowohl in seiner Souveränität als auch in seiner Güte (Ex 32). Noch nachdem das Goldene Kalb zerstört und das dabei pulverisierte und mit Wasser vermischte Gold nahezu in einem Anti-Abendmahl vom Volk getrunken wurde, verlangt Gottes Zorn, dass „vom Volk dreitausend Mann" fallen, und zwar auf den durch Mose übermittelten Auftrag des Herrn, dass jeder sein Schwert gürte und im Lager „seinen Bruder, Freund und Nächsten [erschlage]" (Ex 32,27).

Der Vergleich von Gott und Geld offenbart diabolische Züge. Sie schlagen einerseits auf Gott in seiner Güte zurück, wie die Erzählung vom Goldenen Kalb zeigt, ermöglichen andererseits die Opposition vom ‚rechten' Gott gegenüber seinem irdischen Abgott, wie sie bei Luther sichtbar wird. Natürlich verfolgen diese und weitere prominente Explikationen Gottes durch den Gegensatz zum diabolischen Geld-Gott die Intention, den wahren Gott herauszustellen, der schließlich noch über diesen Gegensatz erhaben ist. Doch unterschwellig wird auch deutlich, dass der Gegenspieler Gottes – ähnlich wie die Figur des Teufels – an seinen divinen Merkmalen teilhat. Dem Geld scheint eine nahezu göttliche Macht zu eignen. Es motiviert das Handeln ähnlich stark wie Gott, allerdings in entgegengesetzter Richtung. Wie Gott führt, so verführt es.

Niklas Luhmann hat dem Geld in seiner Funktion als symbolischem Code gerade auch eine diabolische Seite zuerkannt. Wie der Teufel als Beobachter Gottes trotz dessen universaler Güte böse werden muss, damit Gott als Gott unterscheidbar und mithin gegenüber seinem Gegenspieler bestimmt werden kann, dokumentiert das Geld seinen diabolischen Charakter, indem es in kontingenten, moralisch höchst gegensätzlichen Zahlungsentscheidungen gerade als Geld funktioniert und somit seine durchgängige und einheitliche Eigenart dokumentiert. Denn im Vollzug einer Zahlung oder Nicht-Zahlung als primärem Modus des Geldes neutralisiert es „alle anderen Werte … und [schiebt sie] in den inferioren Status der Gründe für Zahlungen bzw. Nichtzahlungen ab“.[2] Das betrifft auch Werte, die mit Gott und dem Guten verbunden sind, etwa im Sinne eines Geldeinsatzes im Interesse von organisierter *caritas*. Das Geld bleibt sich als Geld treu, ob es nun zu Zahlungen für Liebeswerke oder zu Zahlungen für schädigende oder unmoralische Zwecke verwendet wird. Selbst das Böse kann dem Geld als Geld nichts anhaben. Es bleibt sich auch in Zahlungsvollzügen

---

[2] N. Luhmann, Die Wirtschaft der Gesellschaft, Frankfurt a.M. 1994, 245.

in verbotener oder gar verbrecherischer Absicht gleich. Auch Schwarzgeld bleibt Geld. Anders als Gott, der einen Gegenspieler zu brauchen scheint, um als solcher qualifiziert werden zu können, bleibt das Geld ihm gegenüber identisch. Und ähnlich wie Gott kann das Geld den Gegenspieler ebenso externalisieren wie als Schatten mitführen. Es ist gleichgültig gegenüber dem Status der Gründe für Zahlungen, und es setzt sie in seinem ureigensten Fungieren als Zahlen um. Zugleich kann es selbst in seiner Logik einen Gegensatz markieren: Das Zahlen steht dem Nicht-Zahlen gegenüber. Das lässt sich auch modaltheoretisch fassen. Als symbolischer Code in einer ebenso simplen wie universalen Funktion steht die Wirklichkeit des Geldes für alle Möglichkeiten, die freilich zu bloßen, weil nur kontingenten Möglichkeiten werden.[3] Die pure Aktualität des Geldes ist seine Potentialität, die sich auf alles erstreckt und dabei alles ebenso gleichsam eingemeindet wie externalisiert. Genau darum ist es omnipräsent und allgegenwärtig, vermag alles in alles zu verwandeln ohne sich zu verlieren. Freilich kann diese logische Struktur des Geldes, die sich an Gott und seinem gleichsam teuflischen Gegenspieler entzündet und diesem am Ende ein gottähnliches, aber in seiner moralischen Gleichgültigkeit und modalen Universalität auch umfassenderes Profil verleiht, auch umgekehrt werden. Der dieser Geld-Logik gegenübergestellte Gott müsste allerdings formaler und komplexer gedacht werden als

[3] Darin unterscheidet sich das Geld von einem im Zeichen von Modalkategorien gedachten und zugleich handelnden Gott, der nicht nur in seiner Kontingenz Möglichkeiten repräsentiert, sondern zuspielt und eine entsprechende Erwartungshaltung der Hoffnung weckt. Vgl. I.U. Dalferth, Die Wirklichkeit des Möglichen, Tübingen 2003, bes. 116 ff.

zunächst angenommen – nämlich als Einheit von sich und seinem Gegenteil. Das lässt sich an Luhmanns vielfach irritierender Frage, ob der Glaube um seiner kommunikationsmedialen Funktion willen „geldähnlicher institutionalisiert“ werden könne, illustrieren.[4] Wenn Luhmanns Frage im Sinne von Schleiermachers Diktum – „alles mit Religion tun, nichts aus Religion“ – verstanden wird,[5] kommt auch das vermeintlich Glaubensferne, Indifferente oder gar Unmoralische in den Horizont des Glaubens. Damit ist freilich der Preis verbunden, dass der Glaube in sein Gegenteil umschlägt – ähnlich wie Gott, der auch den Ort seines Gegenteils besetzen kann. Dass Gott auch Tod und Teufel umfasst und negiert, ist zumindest christologischen Konzeptionen des Gottesgedankens nicht unbekannt.

Natürlich bezieht sich der Vergleich von Gott und Geld insbesondere auf die symbolische Dimension dieser Begriffe, die zugleich beanspruchen, mehr als bloße Begriffe zu sein. Demgegenüber treten die drei weiteren Dimensionen des Geldes, die die meisten Geldtheorien mit Bezug auf besondere Funktionen auflisten, zurück. Gemeint sind die Funktionen der Recheneinheit, des Mittels zur Wertaufbewahrung und des Tauschinstruments.[6] Diese Funktionen sind beim Vergleich von Geld und Gott unterschwellig immer dabei, werden explizit aber kaum bemüht. Exaktes Rechnen ist nicht der Grundmodus der Theologie; Gott überdauert zwar den

---

[4] N. Luhmann, Funktion der Religion, Frankfurt a.M. 1977, 141.

[5] F.D.E. Schleiermacher, Über die Religion. Reden an die Gebildeten unter ihren Verächtern [1799], Hamburg 1970, 68 f.

[6] Vgl. exemplarisch W. Ernst, Geld. Ein Überblick aus historischer Sicht, in JBTh 21 (2006), 3–21.

Wandel der Zeit, allerdings angesichts seiner Kämpfe mit diabolischen oder säkularistischen Gegenspielern mit erheblichen Risiken; und mitnichten will er ein gegenüber jedem Gebrauch neutrales Instrument sein. Maßgeblich ist in dem Vergleich von Gott und Geld vielmehr die Dimension des Symbolischen, mit dem Diabolischen als Komplement. Natürlich ist diese symbolische Dimension nicht von jenen drei Hauptfunktionalitäten des Geldes ablösbar. Sie ist gleichsam deren Integral und umgreift sie mithin.

Die symbolische Dimension des Geldes erstreckt sich auch auf die Psychologie des Umgangs mit ihm, die stets sozial eingebettet ist. Nicht nur auf der Ebene der logischen Implikationen des Vergleichs von Gott und Geld, sondern mehr noch im Zusammenhang von Psychologie und Soziologie macht sich deren Ähnlichkeit im Widerstreit geltend. So verlangt das Geld Vertrauen für sein Fungieren, ohne Vertrauen schwindet seine Bonität. Das gilt auch für staatlich emittiertes, als gesetzliches Zahlungsmittel dekretiertes Geld. In der modernen Form als Giralgeld kann es darüber hinaus dezentral durch Kredite von Geschäftsbanken geschöpft werden, es existiert hier gleichsam im Negativ von ablösepflichtigen Verbindlichkeiten. Quantitativ kann das gleichsam negative Giralgeld das gleichsam positiv emittierte Umlaufgeld weit übertreffen. Während dieses den Ausgleich in Handelsgeschäften durch beiderseitiges Quitt-Werden ermöglichen soll, schafft jenes Schuldverhältnisse zwischen Gläubigern und Schuldnern mit verpflichtendem Charakter. In jeder Form motiviert Geld zum Handeln und ändert darüber die reale Welt, obwohl es selbst ein bloßes Mittel ist und inzwischen zum reinen Zeichen mutiert. Das gilt in besonderer Weise nach dem Ende der lange bestehenden

Deckung des Geldwertes durch Edelmetallwerte, deren letzte Form das System fester Wechselkurse zur Leitwährung des Dollars war, der auf den Goldstandard gestützt gewesen ist. Dass eine gedachte Größe wie die in elektronischen Systemen verarbeitete Recheneinheit Wirklichkeit setzt oder verändert, lässt Grundfragen der Ontotheologie anklingen. Geld ist in seiner Funktion immer ein und dasselbe, dennoch kann es sich in einer Vielzahl von Währungen pluralisieren. Durch deren Konvertibilität bildet es wiederum Einheit im Vielfältigen. Es emanzipiert sich als fungible Größe auch von seiner durch die staatliche Rechtsordnung festgelegten Gestalt, wie an Phänomenen wie Bitcoins, deren Wert durch eine elektronische und dezentralisierte Blockchain, die sämtliche Transaktion erfasst, sichtbar wird. Auch das virtuell durch Computernetzwerke erzeugte Geld lässt sich in Euro und Dollar konvertieren und einheitlich bewerten.

Nicht erst die heutige elektronische Geldform zeigt die Nähe zur Theologie. Schon der Finanzminister und Dichterfürst Goethe beschreibt als Reaktion auf das zunehmend in Umlauf kommende Papiergeld seine göttlichen Qualitäten. „In diesem Zeichen wird nun jeder selig“ heißt es am Anfang von Faust II,[7] wobei die alles verändernde Kraft des Glaubens an dieses Zeichen auch ruinöse Folgen einschließt, wie der Fortgang des Dramas zeigt. Mephisto agiert stets im Hintergrund des papiernen Geld-Gottes mit. Dessen übernatürliche Macht besteht in bloßer Geltung, die schon etymologisch mit Geld

---

[7] Zit. nach J. Hörisch, Gott, Geld, Medien. Studien zu den Medien, die die Welt im Innersten zusammenhalten, Frankfurt a.M. 2004, 105. Vgl. zu diesem Zusammenhang bes. die Studien des Teils II: Geld, 83–141.

zusammenhängt. Sie wiederum will geglaubt werden, so dass der Glaube an das Geld seinen Wert verbürgt. Doch wie der Gottesglaube vergegenständlicht auch der Glaube an das Geld sein intentionales Korrelat, das Geld – und macht es zu einer gleichsam eigenständigen dinglich-ontologischen Größe, obwohl es allein von Vertrauen lebt. Daher hat ein Verlust an Vertrauen sogleich den Geltungs- und Wertverlust des Geldes zur Folge. „Was die Welt in der Moderne zusammenhält, ist Geld."[8] Kulturell und symbolisch ersetzt es daher die Position Gottes.

Wie für die Ökonomie, so gilt auch für die Religion, dass sie von Mustern und Metaphern aus der anderen Sphäre durchzogen ist. Hinter Schuld stehen Schulden. Sie bestimmen nach Nietzsche untergründig das Phänomen des Gewissens und reichen noch in seine Logik hinein.[9] Zugleich gilt es traditionell als subjektiver Resonanzraum Gottes. Die religiöse Semantik von Erlösung rekurriert auf den Loskauf aus dem Schuldverhältnis. Wenn die asymmetrische Verpflichtung aus dem Schuldverhältnis in der Ökonomie des Heils durch Gnade abgelöst wird, ist diese *gratis data*. Die in diesen und weiteren Beispielen aufscheinenden „Wahlverwandtschaften zwischen Religion und Ökonomie"[10] betreffen insbesondere das Themengebiet von Schuld und Erlösung, weniger die schöpfungstheologischen Grundfiguren. Hier überwiegen Metaphern aus dem Bereich des Lebendigen zwischen Wachstum und Vergehen mit der Prädizierung der Güte des Geschaffenen, mitunter gibt es Grenzüber-

---

[8] A.a.O., 113.

[9] Vgl. F. Nietzsche, Zur Genealogie der Moral, in: KSA Bd. 5, hg. v. G. Colli u. M. Montinari, Berlin ^{2}1988, 244–412; bes. 297 ff.

[10] J. Hörisch, a.a.O., 131.

schreitungen zum Gebiet des Sexuellen. Doch auch hier zeigen sich Nähen zur Symbolik des Geldes. Bonität ist eben auch ein ökonomischer Terminus, der mit Potenz gleichgesetzt wird[11] – ein Modalbegriff, der auch das Vermögen des Kreators beschreiben kann. Kreatürliche Endlichkeit geht mit Bedürfnissen und Knappheit einher. Mit der Knappheitsbearbeitung ist gleichsam der schöpfungstheologische Ankerpunkt für ökonomische Kreativität markiert. Knappheit führt im Schöpfungsnarrativ der Genesis über die Sexualität zur Arbeitsteilung im Sozialverhältnis, welche wiederum die Voraussetzung für ökonomischen Tausch und die damit einhergehenden Schuldverpflichtungen darstellt.

Natürlich ist die Sphäre der Ökonomie nicht der einzige Lebensbereich, aus dem Metaphern entlehnt und in das Gebiet der Religion übertragen werden. Religiöse Metaphern entstammen nahezu allen Sphären des Lebens wie Medizin, Familie, Recht und Politik bis hin zum Krieg. Wie in diesen, gibt es auch im Verhältnis von Ökonomie und Religion keine simple Segregation, vielmehr walten vielfältige Interferenzen. Beim Verhältnis von Gott und Geld ist insbesondere zu berücksichtigen, dass beide ihre Wirkmacht gleichsam indirekt entfalten. Beide wirken durch Verschränkungen des religiösen Glaubens bzw. des wirtschaftlichen Handelns mit anderen Motivlagen, die die Lebensführung in etlichen sozialen Sphären zwischen Familie, Politik und Kultur bestimmen. Ohne die Handlungs- und Interaktionsvollzüge in diesen Sphären wäre Gott nicht fassbar, und auch das Geld wäre nichts. Als reines Tauschmedium hat es nicht einmal

[11] Und umgekehrt erwarten Gläubiger von Schuldnern Befriedigung.

in der Ökonomie eine für sich seiende Separatexistenz – sondern existiert lediglich in den Waren im Geschehen des Tauschs. Zugleich symbolisiert es die Struktur des vom Eigeninteresse bestimmten Markttauschs, der nahezu das gesamte wirtschaftliche Handeln ordnet und leitet. Wie Jochen Hörisch herausgestellt hat, kann auch der Markt in einer Logik beschrieben werden, die dem Abgleich von Geld und Gott entspringt.[12] Der Markt ist danach das gleichsam allwissende, mächtige Prinzip allen sozialen Geschehens, seinen Wert- oder Unwert-Urteilen wird fraglose Geltung zugeschrieben, die ihre Wirkung von einzelnen Kaufakten bis zu Gefährdungen ganzer Staaten entfaltet. In das Markturteil sollen ideell sämtliche Informationen einfließen, obwohl kein realer und endlicher Akteur je über Allwissenheit verfügt. Daher ähnelt das Markt-Urteil einer ehernen Kontingenzformel: An es wird unter Niederschlagung allen Zweifels geglaubt, im Guten wie im Schlechten. Gerade in seiner Funktion, Eigeninteressen und allseitigen Tausch miteinander in einer höheren Logik der ‚unsichtbaren Hand'[13] miteinander zu verbinden und zu steuern, muss dem Markt – als bloßes Instrument – selbst Glauben geschenkt werden. Seine Rationalität liegt ähnlich wie bei Gott darin, mit Trans- und Irrationalem umzugehen.

Auch Gott existiert zunächst in den Deutungsnarrativen der Religion. Auch sie kennen eine Präsenz durch Entzug in Transzendenz. Gott wird als das bestimmt, was sich nicht erschöpfend bestimmen lässt. In diesem Sinn

---

[12] Vgl. J. Hörisch, Man muss dran glauben. Die Theologie der Märkte, München 2013.

[13] Dieses wirkmächtige Bild geht bekanntlich auf A. Smith zurück. Vgl. ders., Der Wohlstand der Nationen (engl. 1776), übers. v. H. C. Recktenwald, München [11]2005.

wird Gott etwa ein erhabenes und allem Weltbezug zuvorkommendes Selbstsein zugesprochen. Damit wird im kulturellen Deutungsnarrativ zum Ausdruck gebracht, dass das ‚was die Welt im Innersten zusammenhält' und sich etwa in Glauben, Ethos und Lebensführung niederschlägt, nicht hiervon konstituiert ist und durch Entzug darüber hinausreicht. Genau das eröffnet die Funktion von Gott, den Umgang mit Innerweltlich-Unverfügbarem zu regulieren.

Das lässt genauer nach Ähnlichkeit im Widerstreit von Gott und Geld mitsamt ihren sozialen und kulturellen Sphären fragen. Bevor dies in kategorialer Absicht geschieht, seien exemplarische theologische und kulturwissenschaftliche Positionierungen aufgerufen – die in Teilen bereits wichtige kategoriale Themen einführen. Abschließend sei in wirtschaftsethische Überlegungen deren gesellschaftlichem und kulturellem Zusammenhang nachgegangen.

2. Positionierungen

(1) Das Grundmuster neuerer theologischer Positionierungen in Sachen Gott und Geld ist durch eine tendenziell dualisierende Antithetik bestimmt. Insbesondere im Kontext einer kapitalistischen Ökonomie kann das Geld als eine Schicksalsmacht beschrieben werden, die zu begrenzen ist und eschatologischer Überwindung harrt.[14] Immer wieder wird appellativ dazu aufgerufen, sich seinem verführerischen, der Sünde selbstverliebten Konsums ausliefernden Sog zu verweigern – sei es durch individuelle Moral, einen asketisch-ökologischen oder einen der Nächstenliebe verpflichteten Lebensstil,[15] sei es durch polemische Kapitalismuskritik im Interesse politischer Aktion.[16] Dabei wurden oftmals sozialistische Positionierungen angestrebt. Nachdem diese seit 1989 ihre Glaubwürdigkeit eingebüßt haben, kommen als Gegenmodell zum Kapitalismus Figuren einer Gabe- oder Ge-

---

[14] Vgl. F. Delekat, Der Christ und das Geld. Eine theologisch-ökonomische Studie, München 1957.

[15] So ein gängiges Predigtmuster.

[16] Diese Kritik kann sich vielfach des klassischen rhetorischen Musters einer Opposition von Gott und Mammon bedienen. Vgl. exemplarisch F.W. Marquard, Gott oder Mammon, in: Einwürfe 1, hg. v. dems., D. Schellong u. M. Weinrich, München 1983, 176–216; „Processus confessionis. Dient Gott, nicht dem Mammon", EPD-Dokumentation 22/2002; U. Duchrow, H.G. Nutzinger (Hgg.), Befreiung vom Mammon, Münster 2015.

schenkökonomie ins Spiel, wie sie v.a. die französische Ethnologie an vormodernen ozeanischen Gesellschaften beschrieben hat.[17] Das Geld und die in seinem Zeichen stehende Ökonomie können auch mit einem klassischen Prädikat Gottes als ‚alles bestimmende Wirklichkeit' beschrieben werden. Geld habe heute Gott als den ehedem rechtmäßigen Träger dieses Prädikates abgelöst. Daher sei dieser Geld-Wirklichkeit mit einer biblisch fundierten Kontrastidentiät zu opponieren.[18] Die Reihe von Beispielen lässt sich leicht erweitern.

Dieses Muster scheint die älteren Modelle eines asketischen Berufsmenschentums, dem Erfolg als Heilsstandzeichen galt, zurückgedrängt zu haben.[19] Anschluss finden sie unter erheblicher Simplifizierung am ehesten in

---

[17] Vgl. als Klassiker M. Mauss, Die Gabe. Form und Funktion des Austauschs in archaischen Gesellschaften (1924), Frankfurt a.M. 1968. – Das Spektrum der Rezeption des Gabe-Motivs ist weit: Vgl. exemplarisch Th. Ahrens, Vom Charme der Gabe. Theologie interkulturell, Frankfurt a.M. 2008; Leget Anmut in das Geben, hg. v. J. Ebach, M. Frettlöh, M. Weinrich und H. M. Gutmann, Gütersloh 2001; H. Joas, Die Logik der Gabe und das Postulat der Menschenwürde, in: Gott, Geld und Gabe, hg. v. Ch. Gestrich, BThZ, 21 (2004), Beiheft, 16–27.

[18] Vgl. Th. Ruster, Der verwechselbare Gott. Theologie nach der Entflechtung von Christentum und Religion, Freiburg i.Br. 2000.

[19] Die Formel spielt natürlich auf die These von M. Weber zum Zusammenhang des Geistes des Kapitalismus und des Protestantismus an, vgl. ders., Die protestantische Ethik und der Geist des Kapitalismus, in: Ders., Gesammelte Aufsätze zur Religionssoziologie I, Tübingen [8]1988, 1–236. – Gegenwärtig wird höchstens am Rand des seriösen theologischen Spektrums für die Affinität von Christentum und Kapitalismus geworben, vgl. z.B. R. Grözinger, Jesus der Kapitalist. Das christliche Herz der Marktwirtschaft, München 2012.

manchen pentecostalen Formen eines Glückschristentums. Auch tugendethische Figuren von Maß und Mitte im Geldumgang scheinen eher auf Abstand gebracht zu sein. Sie waren etwa aus der aristotelischen Tradition, die Geld als bloßes Mittel zum ethisch guten Leben versteht, auch in die christliche Theologie eingewandert. Während die pentecostalen Formen der Heiligung des Gelderwerbs v.a. in angelsächsischen, lateinamerikanischen und afrikanischen Kontexten Zuspruch finden, erscheint im deutschsprachigen Feld ein Versuch, die auf Zukunft gerichtete Dynamik des Geldes gleichsam als Vehikel christlicher Erwartung des Reiches Gottes zu interpretieren, ziemlich randständig.[20] Bei den Positionierungen, die zu simplen Dämonisierungen auf Abstand gehen, dominiert gegenwärtig ein pragmatisches Verständnis, das Geld als notwendiges Mittel einer komplexen Ökonomie versteht, vor schneller Rendite gegenüber langfristigen Zukunftsinvestitionen warnt und für einen gewissen Ausgleich des Gegensatzes von Arm und Reich über sozialstaatliche Umverteilung von Eigentum sowie durch Interventionen für Chancengerechtigkeit plädiert.[21] Dabei wird dem Staat, wesentlichen Spuren der lutherischen

---

[20] Vgl. Wilhelm F. Kasch, Geld und Glaube, Paderborn 1979. In weitem Sinn schließt gegenwärtig J. Hübner („Macht euch Feinde mit dem ungerechten Mammon!" Grundsatzüberlegungen zu einer Ethik der Finanzmärkte, Stuttgart 2009) an diese geldfreundliche Position an und schreibt sie mit Modifikationen, die einige Forderungen zur Regulierung der Finanzmärkte angesichts der Bankenkrise 2007/08 aufgreifen, fort.

[21] Vgl. exemplarisch W. Huber, Gott und Geld – Christliche Ethik und wirtschaftliches Handeln, in: Kontinuität und Umbruch im deutschen Wirtschafts- und Sozialmodell, Jahrbuch Sozialer Protestantismus 1, Gütersloh 2007, 62–71 (Festvortrag anlässlich der Eröffnung der KD Bank in Dortmund, 06.06.2007).

sozialethischen Tradition folgend, eine zentrale Stelle der Regulierung und Begrenzung der Marktökonomie zugewiesen, die neoliberale Polemik gegen den Staat zugunsten des privaten Sektors wird in deutschsprachigem theologischem Kontext kaum geteilt. Begründungen und Details dieser Position, die in weiterem Sinn an das Konzept der Sozialen Marktwirtschaft anschließt, variieren freilich.

In dem angedeuteten Spektrum finden sich nur wenige Positionen, die sich auch einer begrifflichen Durchdringung der Struktur des Geldes und des in seinem Zeichen stehenden sozialen Lebens widmen. Exemplarisch seien Falk Wagner auf evangelischer und Alois Halbmayer auf katholischer Seite genannt. Sie fokussieren auch kategoriale Aspekte im Vergleich von Gott und Geld. Beide stützen sich vornehmlich auf ökonomische und sozialwissenschaftliche Theorien der Erklärung des Geldes durch sein Fungieren im Tausch. Demgegenüber beansprucht David Graeber, aus kulturanthropologischer Perspektive Geld und Gott bzw. Götter aus ursprünglicheren Schuldverhältnissen heraus zu explizieren. Auf diese drei Positionen sei nun ein genauerer Blick geworfen.

(2) Falk Wagner dürfte darin Originalität beanspruchen können, die auf Rudolf Bultmann und Wolfhart Pannenberg zurückgehende Formel von Gott als ‚alles bestimmender Wirklichkeit' auf die Struktur des Geldes übertragen zu haben.[22] Seine Studie zielt darauf, über die „Vergleichbarkeit" beider Größen das Bewusstsein ihrer „mögliche[n] Differenz" zu schärfen (134). Bei seiner

[22] Vgl. F. Wagner, Gott oder Geld. Zur Geldbestimmtheit der kulturellen und religiösen Lebenswirklichkeit, Stuttgart 1985 (im Folgenden Nachweise im Text in Klammern).

Analyse der Geld-Struktur greift er auf volkswirtschaftliche Konzepte, Luhmanns Systemtheorie und Marx' Kritik der politischen Ökonomie zurück. Die aus verschiedenen Artikeln und Lehrbüchern erhobenen volkswirtschaftlichen Konzepte gingen von der faktischen Funktionalität des Geldes aus, Güter und Dienstleistungen durch ihren im Marktvergleich gewonnen Preis, in dem sich ihr Wert spiegelt, tauschbar zu machen. Doch sie erklärten nicht, warum die Güter selbst zu Tauschwerten werden können und warum das durch den Tausch definierte Geld den Tausch ermöglicht. Wagner hält ihnen gedankliche Zirkularität vor. Die Systemtheorie verstehe demgegenüber Geld als reines Kommunikationsmedium, dessen simples Fungieren im binären Code von Zahlen oder Nichtzahlen eine faktische Universalität durch nahezu alle sozialen Systeme, unbeschadet ihrer funktionalen Differenzierung in der Moderne, hindurch ermöglicht. Indem bei Luhmann die drei klassischen Funkionen des Geldes, Tauschmittel, Recheneinheit und Wertaufbewahrung, in seiner Funktion als auf alles anwendbares Kommunikationsmedium zusammengefasst werden, eigne der Funktionalität des Geldes nach Wagner paradoxerweise der Charakter der spinozistischen Substanz. Wie deren Einzigkeit in allem und durch alles trotz dessen unübersehbarer Vielfalt wirkt, so mache das Geld in seiner Funktionalität alles in jedes austausch- und mitteilbar. Damit werde das Eigensein aller Einzeldinge, seien es Güter und Dienstleistungen, seien es personale Vollzüge oder kulturelle Produkte, gleichgültig (vgl. 33). Marx' politische Ökonomie erklärt für Wagner gegenüber der Volkswirtschaftslehre und der Systemtheorie die Genese des Tauschs, indem sie auf unterschiedliche Bedürfnisse rekurriert und mit den in die Produktion von

Gütern fließenden Reproduktionskosten der Arbeitszeit einen objektiven Wert der Waren anzusetzen erlaubt. Nach Marx werden Güter im Tausch zu Waren. Auch das Geld ist zunächst eine Ware, allerdings eine solche, der die Eigenschaft, auch ein brauchbares Gut zu sein, abgeht, so dass es als einzige Ware den Wert aller anderen Waren zu quantifizieren erlaubt. In der Kapitalwirtschaft wird sodann die Geld-Ware, die zunächst ein bloßes Mittel zum Tausch ist, in einen eigenständigen Zweck verwandelt. Mit der These, dass die Zirkulation von Waren durch Geld durch eine Zirkulation von Geld durch Waren abgelöst werde, beschreibe die politische Ökonomie, wie die Tauschpartner und -objekte zu gleichgültigen Momenten des Geldmechanismus herabgesetzt werden. Wenn Geld durch die Produktion von austauschbaren Waren unter Abschöpfung ihres mit der Produktion entstandenen Mehrwerts zum Kapital wird, geraten alle Elemente des Tausches zu bloßen Mitteln des am Ende selbstzwecklichen Kapitalakkumulationsprozesses. Es geht um die „Verwandlung von Geld in mehr Geld".[23] Begrifflich lasse sich der ‚Geldmechanismus' daher mit einem ‚Pantheismus' vergleichen, in dem alles Einzelne unter Absehung seines Eigenseins nur für Anderes tauschbar sei – und darin zugleich einer übergeordneten Logik „verabsolutierter Kommunikation" folge, die ihrerseits wie ein pantheistischer Gott das Einzige ist, was ein Sein für sich selbst beanspruchen kann (70). Damit nährt sich Wagners Ergebnis seiner Analyse von Marx' politischer Ökonomie dem von Luhmanns Systemtheorie an. Frag-

---

[23] F. Wagner, Gott oder Geld, in: Ders., Christentum in der Moderne, hg. v. J. Dierken u. Ch. Polke, Tübingen 2014, 100–119, hier 108.

lich und unerörtert bleibt dabei, wie die reine Medialität des Geldes mit seiner kapitalistischen Selbstzweckhaftigkeit zusammenpassen kann. Diese Frage lässt sich von der Beobachtung leiten, dass zwischen den allseitigen Wechselverhältnissen beim Tausch von qualitativ Verschiedenem einerseits und der Zentralität des selbst nur quantitativ differenzierbaren Geldes andererseits Spannungen herrschen. Diesem Problem entspricht auf der Ebene der Geld- und Werttheorie die Frage, ob sich der Wert von Waren allein durch ihren Marktpreis oder durch Faktoren, die dem Markt vorausliegen oder ihn überschreiten, bildet. Klassischerweise werden in diesem Zusammenhang objektivierbare Arbeitskosten und Kosten von Kapital genannt.

Vor dem Hintergrund seiner Analysen klopft Wagner wesentliche Sphären von Gesellschaft und Kultur auf Strukturen und Phänomene geldförmig-verabsolutierter Kommunikation ab. Dabei kommt er zu wenig überraschenden Diagnosen, die sich auf das breite Spektrum von elektronischer Massenkommunikation, Konsum und Kulturindustrie bis hin zu Kunstproduktion und -rezeption erstrecken. Auch Religion und Theologie seien durch die „Strukturlogik des Geldmediums" geprägt, auch hier finde sich eine jede Eigenbedeutung von Inhalten reduzierende „Kommunikabilität" (95). Die Triftigkeit von Wagners Überlegungen zu modernen Theologen seit Schleiermacher braucht hier nicht weiter erörtert werden. Interessant ist vielmehr, dass Wagner auf einer „Substanzialität" und „relative[n] Selbständigkeit" der religiösen Gehalte gegenüber ihrer funktionalen „Austauschbarkeit" insistiert (110). Sie solle durch ein aller Kommunikation vorausliegendes „Konstituiertsein" an ihnen selbst gewährleistet werden (102). Exemplarisch wird auf die christologische Vermittlung von Gott und Mensch verwiesen, welche durch die *communicatio idiomatum* soteriologisch den Tausch von Sünde und Gerechtigkeit allererst ermögliche. Daneben führt Wagner grundsätzlicher auch die trinitarische An-sich-Bestimmtheit Gottes als Möglichkeitsgrund für seine Weltverhältnisse an. Insbesondere der Gedanke eines trinitarisch verfassten Absoluten erlaube es, alles aus ihm als „grundlose[m] Grund" heraus zu verstehen – aber so, dass das Andere „außer Gott in Selbständigkeit und Freiheit existieren kann" (135). Dieses eher an Wolfgang Cramer orientierte Motiv von einem „sich selbst erklärende[n] Gott" als „Ausgang, der aus und durch sich selbst ist" (138), reibt sich mit Wagners weiteren, eher Hegel folgenden Überlegungen zum Begriff des Absoluten. Sie suchen Gott an ihm selbst als eine Struktur vermittelter, weil für das menschliche Anderssein offene Selbstbestimmung zu denken. Als ‚vermittelte Selbstbestimmung' erweise sich Gott an seiner eigenen Stelle als offen für das menschliche Anderssein, das seinerseits für Gott offen ist. Daraus resultiert ein reziprokes Anerkennungsverhältnis. Es kann auch als Selbstbestimmung, die über das jeweilige Anderssein vermittelt ist, beschrieben und als „gelungene Kommunikation"[24] verstanden werden. In dieser Charakterisierung fungiert dieser gleichsam wahre Gott vermittelter Selbstbestimmung als Kontrastfolie zu tendenziell naturwüchsiger, weil auf „Selbsterhaltung und Selbstbehauptung" zielender unmittelbarer Selbstbestimmung als Logik des gleichsam falschen Geld-Gottes (140). Diese Logik zeige sich insbesondere in der kapitalistischen Geldökonomie mit ihrer Tendenz, dass das Geld alles in den Dienst sei-

[24] F. Wagner, Gott oder Geld, a.a.O., 118.

ner Selbstvermehrung setzt. Diese Diagnose erstaunt, da die Geldökonomie von Wagner ansonsten als verabsolutierte Kommunikation beschrieben wird. Deren Zug zu einer gleichsam alles Selbstsein verschlingenden Totalvermittlung scheint weniger auf unmittelbare Selbstbehauptung zu verweisen, eher zeigen sich Fluchtlinien zu einer Figur vollkommener Vermittlung, welche geradezu zum Absoluten wird. Auf der Ebene der Theologie bzw. Theorie des Absoluten tritt offenbar eine ähnliche Spannung von Selbstbezug und Totalvermittlung auf, wie sie auf der Ebene der Geldtheorie – im Kontext der Annäherung von Wagners Marx-Analyse an Luhmann – zwischen wechselseitiger Kommunikation und selbstzwecklicher Steigerung sichtbar geworden ist. Diese Spannung spitzt sich zu der Frage zu, ob allseitige Vermittlung, Kommunikation und Verwandlung im Tausch ein davon noch einmal zu unterscheidendes selbstständiges Zentrum im Geld als solchem besitzen, oder ob dieses Zentrum ganz und gar in die dezentralen geldvermittelten Kommunikationsvollzügen eingegangen ist. Darauf wird vor allem im dritten Abschnitt zurückzukommen sein.

(3) Auch Alois Halbmayr geht davon aus, dass das Geldparadigma das Gottesparadigma in der Moderne abgelöst und ein eigenes Lebens- und Kultursystem, das auch die Bewusstseinsformen prägt, hervorgebracht hat.[25] Die Theologie habe das noch immer nicht wirklich verstanden und keinen passenden Begriff des Geldes entwickelt, daher rührten die eher äußerlichen, oftmals bloß polemischen Appelle. Demgegenüber zielt er darauf

---

[25] Vgl. A. Halbmayr, Gott und Geld in Wechselwirkung. Zur Relativität der Gottesrede, Paderborn 2009, 33; 35 (im Folgenden Nachweise im Text in Klammern).

ab, ein „kritisch-relatives Modell“ für den Vergleich von Gott und Geld zu entwickeln, das es erlaubt, „Geld als Interpretament Gottes“ und „Gott als Interpretament des Geldes“ fruchtbar zu machen (141; 389). Dazu greift Halbmayr insbesondere auf Georg Simmels Philosophie des Geldes zurück. Sie bietet eine Soziologie der Vergesellschaftung durch Geld und erschließt darüber auch sozialpsychologische und kulturelle Phänomene bis hin zur Religion. Ihre gedankliche Pointe liegt darin, die durch Geld vermittelten Sozialverhältnisse als einen Relativismus durchgängiger Wechselwirkung zu beschreiben. Da er von keinen Voraussetzungen abhängig ist, kann dieser Relativismus beanspruchen, seinerseits eine unhintergehbare Größe und mithin absolut zu sein. Dessen Symbol und Medium ist das Geld.

Simmel ist für Halbmayr darum interessant, weil seine Theorie konsequent funktional vorgeht. Sie komme ohne einen „archimedischen Punkt“, der als vorgegebenes Absolutes fungiert, aus (221). Es handelt sich um einen aufs Ganze gehenden relationalen Relativismus. Seine ebenso basale wie umfassende Figur lautet Wechselwirkung. Deren alles einbeziehende Universalität ähnle prädikativer Absolutheit und erlaube es, diesen Gott diesseits metaphysischer Substanzialität zu denken und mit der sozialen Welt zu verbinden. Intersubjektivität wird zu seinem primären Ort. Dieses theologische Interesse an einem funktional-relationalen Verständnis der Wirklichkeit im Ganzen hat seinen sozialtheoretischen Ankerpunkt in Simmels Verständnis des Geldes. Darin geht Simmel von ökonomischen Tauschbeziehungen aus, in denen das Sein der zu tauschenden Dinge in die logische Form des Wertes überführt wird, den sie für das jeweils andere haben. Durch Vergesellschaftung wird

Sein zu Wert. Wert ist in dieser Theorie – die dem Materialismus einen ‚Unterbau' durch „Einbeziehung des wirtschaftlichen Lebens in die Ursachen der geistigen Kultur"[26] verschaffen will – keine objektive Größe wie in Marx' Theorie der Arbeitszeit und ihrer Reproduktionskosten, sondern der Wert wird allein im und vom Tauschvollzug gesetzt. Der Wert entspricht daher ganz dem Preis am Markt, er ist das, was ein Anderer für ein zur Ware werdendes Gut bezahlt. Freilich ist der intersubjektive Tauschvollzug ohne subjektives Begehren der durch Tausch zu gewinnenden Güter nicht denkbar, und in den Wert der Güter werden die Herstellungskosten angesichts von Knappheit unter Konkurrenzbedingungen gleichsam eingepreist. Das schließt vollkommenen Wertverlust, wenn Dinge ihre Qualität als begehrte Güter verlieren und damit kein Sein für Andere und Anderes mehr haben, nicht aus.

Während Dingen als Gütern immer auch ein in ihnen selbst begründeter Gebrauchswert eignet, um dessen willen sie begehrt werden und damit zum Wert als Sein für Anderes werden, geht der zum Geld auskristallisierte Wert ganz in seiner Funktion, alle Werte als Sein für Anderes auszudrücken, auf. Daher ist Geld an ihm selbst nichts, es hat kein Für-sich-Sein, sondern es ist ein reines Mittel. Darum hat es als Wert aller Werte gerade keinen Eigenwert. Eben das macht paradoxerweise sein Eigensein aus, das gleichsam negativ ist: Es ist nichts für sich selbst. Darum kann das Geld alle Einzelwerte vermitteln und aufeinander beziehen. Natürlich lebt der Wert des Geldes durch die Rückkoppelung an die Tauschvollzüge,

---

[26] G. Simmel, Philosophie des Geldes, in: GA Bd. 8, hg. v. D.F. Frisby u. K.Ch. Könke, Frankfurt a.M. 1989, 13.

und zwar Zeiten und Räume übergreifend. Gerade weil Geld die reine Wertform ist, ist es an ihm selbst wertlos. Aber es symbolisiert potentiell sämtliche Werte, sie werden in ihm als teilbarer Einheit für alles dargestellt. Seine Doppelstruktur ist „Relation zu sein und zugleich Relation zu haben" (221). Darum kann es alles und alle verbinden. Und darum kann es dahingehend verstanden werden, dass es in seiner gleichsam selbst wertlosen Repräsentanz aller Werte seinerseits einen Wert darstellt und korrelativ zum Ziel des Begehrens wird. Das ist in Simmels psycho- und soziologischen Logik des Geldes der Punkt, an dem das reine Mittel zum handlungsmotivierenden Selbst- und Letztzweck mutiert.

Diese Doppelstruktur konstitutiert die Funktionalität des Geldes in soziologischer, kultureller und symbolischer Hinsicht. Soziologisch steht es für die unüberbietbar sachliche, neutrale und darum universale Form der Ordnung von Individuum und Gesellschaft. Es ermöglicht eine tendenziell unendliche Fülle von Tauschverhältnissen zwischen einer ebenfalls tendenziell unendlichen Zahl von Individuen, die es zu einem gesellschaftlichen Ganzen der Wechselwirkung verbindet. Zugleich eröffnet es aufgrund seiner mittlerhaften Sachlichkeit ein größtmögliches Maß an individueller Freiheit, insofern es soziale Verbindlichkeit auf das Minimum des Zahlungsverkehrs reduziert und damit Lebensstile und Verhaltenspräferenzen ohne inhaltliche soziale Sanktionen in einer unendlichen Fülle zu entwickeln und im Tausch aufeinander zu beziehen erlaubt. Geld moralisiert die Sozialbeziehungen nicht, es bietet Raum für größtmögliche Vielfalt personaler Individualität, gerade weil es sie durch Abstraktion vergleichgültigt. In kultureller Hinsicht zeigt sich sodann die Doppelstruktur des Geldes nicht nur in zunehmend entemotionalisierten, versachlichten und rationalen Lebens-, Denk- und Kommunikationsformen, sondern auch als Manifestation der Struktur des menschlichen Strebens als solchen, indem es den bloßen Gewinn von Geld provoziert. Er schlägt sich als eine über alles unmittelbare Begehren hinausgreifende und umfassende Zielorientierung nieder, die letztlich kein konkretes Ziel mehr hat. In symbolischer Hinsicht schließlich erscheint das Geld einerseits als changierendes Moment eines unendlichen Wechselspiels, das seine Rolle in höchst pluralen Modifikationen zur Darstellung bringen kann, während es andererseits „als zusammenfassende, alles Einzelne tragende und durchdringende Macht“ auftritt.[27] Das führt vom Geld zu Gott. Der Logik des Geldes folgend, symbolisiert Gott, mehr noch als es, selbst eine letzte Einheit des Ganzen, die freilich zugleich darin besteht, dass alles mit jedem qua Wechselseitigkeit zusammenhängt. „Der Gottesgedanke hat sein tieferes Wesen darin, dass alle Mannigfaltigkeiten und Gegensätze in ihm zur Einheit gelangen, dass er … die Coincidentia oppositorum ist.“[28] Der dem Geld ‚formähnliche‘ Gott ist ein sich durch immer neue Differenzrelationen realisierendes HEN KAI PAN – ein Ein und Alles zugleich. Ihm entspricht eine Religiosität innerlicher Versöhnt- und Getragenheit durch eine Vielfalt von Stimmungen hindurch. Dieser Gedanke ähnelt Wagners Motiv eines Pantheismus des Geldes.

Sosehr Halbmayr an dieses Konzept von Gott als „Einheit in der Differenz“ (313), die zum Gedanken seiner „Persönlichkeit“ als organischer „Gesamtheit des Seins“

---

[27] G. Simmel, Geld, a.a.O., 676.
[28] G. Simmel, Geld, a.a.O., 305.

(314) zugespitzt werden kann, anschließt, so sehr plädiert er in seiner abgleichenden Interpretation von Gott und Geld zugleich für eine „andere Ökonomie“ als Plausibilisierungskontext der „Gottesrede“ (381). Begründet wird diese Suche nach einer Alternative insbesondere mit den entpersonalisierenden und moralfernen Tendenzen der Geldökonomie, hinzu kommen ihre Asymmetrien im Blick auf Fragen des sozialen Ausgleichs und der Gerechtigkeit. Damit sind traditionelle Muster der Gottesrede im Spiel. Näher an der Logik der Geldökonomie könnte das ‚Anderssein‘ dieser anderen Ökonomie dadurch beschrieben werden, dass der Geld-Gott in Gefahr steht, die unendlichen Differenzen in den Wechselverhältnissen des Tauschs zu vergleichgültigen – und damit den Tausch selbst obsolet werden zu lassen. Doch mehr noch als dieses an der inneren Paradoxie der Geldfunktionalität orientierte Argument ist Halbmayr durch das Prädikat der Gerechtigkeit als zentrales Merkmal der Gottesrede geleitet, das er in der Geldökonomie nicht realisiert sieht. Daher sei eine „Anders-Ökonomie Gottes“ zu postulieren, für die die „Bedingungslosigkeit der Gabe“ maßgeblich wird (464). Diese ‚Anders-Ökonomie‘ versteht sich teils als innere, gleichsam lebensweltlich verortete Kritik und Korrektur gegenüber den Totalisierungstendenzen der Geldökonomie, teils als deren Gegenbild. Das ist allerdings durch den in Simmelschen Kategorien gedachten Abgleich von Geld und Gott solange nicht gedeckt, wie das ‚Anderssein‘ dieser Ökonomie nicht in ein Verhältnis zur ‚Differenz‘ im Verhältnis zur ‚Einheit Gottes‘ gebracht wird, welche im Geld *eodem actu* wie gesetzt so aufgehoben ist. Zudem bleibt offen, wie die zunächst auf *face-to-face*-Verhältnisse bezogene Ökonomie der Gabe unter den Bedingungen einer ausdifferenzierten,

tendenziell globalen Ökonomie gestaltet werden kann. Es scheint, dass mit der ‚Anders-Ökonomie' der in der Theologie gern bemühte Gegensatz von göttlicher Heilsökonomie und irdischer Knappheitsökonomie aufgerufen wird.[29] Er passt aber gerade nicht zu Simmels These von der durchgehenden Wechselrelativität, und er reibt sich mit Halbmayrs eigener Rezeption von Simmels Vergleich von Gott und Geld.

(4) Während Wagner und Halbmayr das Geld funktional im Kontext von Tauschvollzügen entstehen sehen, versteht David Graeber das Schuldverhältnis als seinen Ursprung.[30] Er dekonstruiert das Narrativ der liberalen Ökonomie der Aufklärung,[31] wonach sich Geld nach und nach aus den Rationalisierungsbedürfnissen des Marktgeschehens heraus entwickelt habe (vgl. 27 ff.). Zur Vereinfachung des Naturaltauschs sollen nach diesem Narrativ zunächst einzelne, transportable Waren oder Gegenstände wie Muscheln oder Metallstücke für die allgemeine Wertform gestanden haben, sodann zunehmend von Silber und Gold verdrängt worden sein, um schließlich durch Papiernoten bis hin zu bloßen Zahlnotierungen abgelöst zu werden. In diesem liberalen Narrativ sind für Graeber aber der Markt und seine Akteure unerklärt vorausgesetzt; auch sei eine solche Genealogie

---

[29] Vgl. hierzu das Ende des differenziert um die irdische Ökonomie und ihre Vermittlungserfordernisse bemühten Artikels „Wirtschaftsethik" von T. Jähnichen, in: Handbuch der Evangelischen Ethik, hg. v. W. Huber, Th. Meireis u. H.-R. Reuter, München 2015, 331–400, hier 383 f.

[30] Vgl. D. Graeber, Schulden. Die ersten 5000 Jahre (engl. 2011), Stuttgart [7]2012 (im Folgenden Verweise im Text in Klammern).

[31] Deren Inbegriff ist der Klassiker von A. Smith, Der Wohlstand der Nationen, a.a.O.

des Marktes unschlüssig, wonach er zum Austausch von Waren, die bereits allein für ihn hergestellt werden, hervorgegangen sein soll. Gestiegene Komplexität und zunehmende Arbeitsteilung erklären für Graeber nicht den Übergang vom Naturaltausch einer Subsistenzwirtschaft zum Marktgeschehen in Produktion, Distribution und Konsumption. Nicht das gemeinsame Interesse einzelner Marktakteure an einem einfachen, einheitlichen und quantifizierbaren Äquivalent für den jeweiligen Wert verschiedenster Waren bilde den Hintergrund für die Herkunft des Geldes. Ursprünglicher als eine solche Vergesellschaftung freier Marktteilnehmer durch den geldvermittelten Warentausch sei vielmehr eine Sozialstruktur allseitiger Abhängigkeit durch Verpflichtungen. Graebers historisch-ethnologischer Durchgang durch verschiedenste sozial- und kulturgeschichtliche Phänomene sucht deutlich zu machen, dass Schulden die „Urform von Geld" sind und dass das Tauschprinzip in der „Folge von Gewalt" entstanden ist (24 f.).

Die erste These wird für Graeber kulturgeschichtlich durch eine Vielzahl von zunächst symbolischen und sodann schriftlichen Schuldverschreibungen plausibel, die nach und nach ihrerseits weitergegeben wurden und dadurch als Zahlungsmittel fungieren konnten. Schuld- und Kreditverhältnisse seien ökonomisch basal, und Geld habe sich aus der Ein- und Ablösung von Schuldverschreibungen heraus entwickelt: „Geld misst Schulden" (52). Es existiert in ganz unterschiedlichen Gestalten, von denen Muscheln, Steine oder Metallstücke die bekanntesten sind. Das Papiergeld, das im liberal-ökonomischen Narrativ nach und nach an die Stelle des schwerer handzuhabenden Metallgelds getreten sei, habe seine Ursprünge in Wechseln und Obligationen gehabt, die ihrerseits wieder als Schuldverschreibungen in anderen Transaktionen akzeptiert worden sind. Von diesen, durch Beispiele insbesondere aus den ozeanischen, afrikanischen und chinesischen Kulturräumen belegten Urformen des Schuld-Geldes zieht Graeber große Linien zu gegenwärtigen Entwicklungen der Geldökonomie. Dabei fokussiert er insbesondere den Zusammenhang, der zwischen der Abschaffung des Goldstandards zur Deckung des Geldwertes und der Etablierung einer eigenen finanzwirtschaftlichen Sphäre gegenüber der sogenannten Realwirtschaft besteht. Die 1971 erfolgte Abschaffung des Bretton-Woods-Systems fester Wechselkurse mit dem Dollar als goldgestützter Leitwährung habe zwar die Möglichkeit eines zunehmend spekulativen Derivatenhandels etabliert. In dessen virtuellem Geld manifestiere sich aber die „Urform von Geld" (24). Das gelte mehr noch, wenn die spekulativen Finanzprodukte sich nicht auf positive Werte, sondern negative Schulden erstrecken. Genau das ist in dem zur Bankenkrise von 2007/08 führenden Handel mit Kreditausfallversicherungen, den sog. SWAPs, geschehen. Die Risiken werden in immer kleineren Formen verpackt und als ökonomische Chancen gehandelt, indem sie in Gestalt von Wetten auf die Ablösung der Schulden zu vermeintlich positiven Werten mutieren und dabei zu Hebeln für weit größere Investments in Schuldtitel werden. In der Finanzwirtschaft wird Geld gegen Geld gehandelt, und zwar insbesondere in Gestalt von Schulden, deren Risiken im spekulativen Derivatenhandel über verschlungene Umwege in Chancen verwandelt werden sollen. Faktisch geht es freilich um getarnte Macht- und Eigentumsverschiebungen. Die Instrumente der gegenwärtigen Finanzwirtschaft, aus Schuldtiteln ökonomische Chancen zu machen, seien aber nicht erst mit dem modernen Industriekapitalismus entstanden, sondern bereits älteren, vorneuzeitlichen Datums. Mit dem modernen Industriekapitalismus und den durch komplexe Technik erforderlichen Kapitalmengen der Unternehmen, die nur durch Aktienhandel an Börsen gewonnen werden kann und die Unternehmen schließlich selbst in Instrumente des Kapitalhandels verwandeln, haben die finanzwirtschaftlichen Instrumente allerdings eine ungekannte Beschleunigung erhalten, so dass die industriekapitalistischen Strukturen schließlich im sog. Finanzkapitalismus überrannt werden konnten.[32]

Die zweite These von der Gewalt als Hintergrund des Tauschprinzips will nicht erst die massiven Verwerfungen des spekulativen und aggressiven Handels mit Schulden in der realen wirtschaftlichen und politischen Welt beschreiben. Sie will vielmehr schon darauf hinweisen, dass jede Ordnung von Markt und Tausch Zwangsinstrumente beansprucht, wofür staatliche Strukturen in weitestem Sinn stehen (vgl. 56).[33] Für diese These ruft Graeber etliche Beispiele auf. So etablierten sich Märkte seit der Antike oftmals in der Nähe von Heerlagern und Militär. Die Vereinheitlichung von Geld als gesetzliches Zahlungsmittel basiert auf geordneten Herrschaftsstrukturen. Die Durchsetzung von Verpflichtungen, die aus Tauschakten resultieren, lässt sich ohne die Möglichkeit von Zwangsanwendung im Grenzfall nicht einmal vorstellen. Dieser Zwang resultiere aber nicht, wie Graeber gegen klassisch-liberale Staatstheorien der Übertragung

---

32 Vgl. dazu die Übersicht von J. Kocka, Geschichte des Kapitalismus, München 2013, bes. 92 ff.

33 Dass Graeber sich dagegen positioniert, dokumentiert den anarchistischen Grundzug seiner Liberalismuskritik.

naturwüchsiger oder naturrechtlich legitimierter Gewalt auf staatliche Herrschaft mit Gewaltmonopol einwendet, auf einem ursprünglich freiwilligen Vertrag, sondern hinter ihm stehe die Gewalt, die mit Schuldverhältnissen grundsätzlich verbunden ist. Kein Gläubiger verzichte auf sie als Handlungsoption. Sie sei mit der Asymmetrie von Schuldverhältnissen gesetzt. Ihre höchste Spitze habe diese Gewalt in Schuldverhältnissen, die sich auf den Menschen als solchen beziehen. Graeber führt in diesem Zusammenhang vielfältige Phänomene an. Deren Bogen reicht von Versklavung durch Schuldknechtschaft über Formen von Schadensersatz durch ‚Wer- oder Manngeld' bis hin zu ‚Preisen' für Sexualverhältnisse im Grenzfeld von Ehe und Prostitution (vgl. 141 ff.).

Dass Geld aus Schulden resultiert, hat einen anthropologischen Sachverhalt zum Hintergrund, der zur Theologie führt. Jedes menschliche Leben ist Anderen verdankt. Es ist daher für Graeber mit einer Art „Urschuld" belastet (66). In kleineren Einheiten ist sie auf die soziale Gemeinschaft von Ahnen, Familien und Clans bezogen. In ihrer Gesamtheit gilt sie einem – göttlichen – Geber des Lebens überhaupt. Darin sieht Graeber den Ankerpunkt für die Verbindung von schuldenökonomischer Anthropologie und sakralen Symbolisierungen, die dem Ursprung des Geldes gelten. Da dieser verdeckt bleibt, erhält die Geldsphäre einen sakralen Nimbus, der das Sakrale zugleich zum Ökonomischen hin öffnet. Nicht erst heute werden Banken mit Tempeln des Geldes verglichen, bereits in älteren geschichtlichen Zeiten waren Kultstätten und Tempel immer auch Orte lebhaften Handels. Während das religiöse Opfer an die Urschuld gemahnt, verheiße das Geld neben allem Pragmatisch-Nützlichen auch die generelle Möglichkeit, grundsätzlich „quitt" zu werden (69). Darin sieht Graeber eine elementare Erlösungsutopie.[34] Der Loskauf von den Schulden erlöse mithin von der verschuldenden Gottheit. Geld repräsentiert daher gleichsam eine Gegenstrategie zur divinen *creatio ex nihilo* auf Seiten des humanen Schuldners. In theologischer Hinsicht besteht das erlösende Quitt-Werden in einer Lösung von der Gottheit. In anthropologischer Hinsicht geht damit ein Auszug aus der sozialen Gemeinschaft einher. Das Ende der Schulden läuft daher auf eine Erlösung von Gesellschaft wie Gottheit angesichts ihrer Verpflichtungen hinaus. „Vollendung kann nur Auslöschung bedeuten" (63), und zwar Auslöschung aller vorgängig verpflichtenden Sozialrelationen. Das Resultat solcher Erlösung wird von Graeber allerdings nur vage angedeutet. Es kann eigentlich nur in einem von allen Schulden freien, mithin autarken Menschen bestehen. Unterschwellig führen die Fluchtlinien dieser utopischen Bilder zu dem Motiv eines freien Individuums im Vollbesitz seiner Kräfte zurück, von dem die von Graeber dekonstruierten liberalen Konzepte alle Vergesellschaftung durch Tausch in Wirtschaft und Staat ausgehen lassen wollten.

Graebers Theorie beschreibt konsequent asymmetrische Sozialverhältnisse, einschließlich ihres Inbegriffs in Verhältnissen zu entsprechenden Gottheiten. Das verspricht eine größere Nähe zur Empirie und steht quer zu den hochgradig normativen Grundbegriffen aufklärerisch-liberaler Konzepte von Tausch und Markt. Sie

---

[34] Dass das – religiöse – Erlösungsmotiv v.a. auf – profane – Schulden gemünzt ist, betonen auch P. Sloterdijk und Th. Macho in: Dies. u. M. Osten, Gespräche über Gott, Geist und Geld, Freiburg i.Br. 2014, bes. 46 ff.

kennen Asymmetrien im Blick auf Eigentum und Güter, suchen sie jedoch an die grundsätzlichen Symmetrien von gleicher Freiheit der Akteure zurückzubinden und dadurch zu relativieren. Das Geld spielt dabei die Rolle, Vergleichbarkeit im Ungleichen herzustellen. Dem widerspricht Graebers Theorie ursprünglicher Schulden. Doch auch sie kennt einen Grenzbegriff von sozialer Symmetrie, gleichsam als Gegenkonzept zu allseitig asymmetrischen Schulden und Schuldverhältnissen. Graeber sieht dieses Gegenkonzept in der Struktur der Gabe, die bei ihm durch „Reziprozität" ausgezeichnet ist. Sie wird in einer „humanen Ökonomie", in der „jeder in einem einzigartigen Beziehungsgeflecht mit anderen" steht, verortet (97; 218). Diese Ökonomie hat allerdings eher archaische Züge, technisch komplexe und arbeitsteilige Produktion ist ihr ebenso fern wie ein lokale Kreise überschreitender Handel. Doch auch diese Ökonomie der Gabe ist nicht davor gefeit, neue Verpflichtungen mit eigenen Asymmetrien zu generieren. Die Gabe verlangt eine tendenziell höherwertige Gegengabe, in beides geht die jeweilige Ehre der Beteiligten ein, um die mit entsprechenden Gaben gefochten wird (vgl. 173 ff.). Damit rückt die Ehre in der humanen Ökonomie der Gabe an die Stelle begehrter, knapper Güter. Das eröffnet freilich auch die Möglichkeit, Ehre zu entziehen – im Extremfall, wie bei Sklaven, zur Gänze.

(5) Die exemplarisch herangezogenen Modelle Wagners, Halbmayrs und Graebers haben in unterschiedlicher Weise Ähnlichkeit und Widerstreit im Verhältnis von Gott und Geld zutage treten lassen. Sie liegen nicht nur zwischen beiden Größen, sondern ziehen sich durch sie selbst hindurch. Das zeigt die bei Wagner auftretende Spannung von Totalvermittlung und Selbstzwecklich-

keit; das erhellt aus der bei Halbmayr sichtbar werdenden Einheitsstruktur der Wechselseitigkeit, die kein Für-sichsein kennt und doch Differenz ermöglichen soll; das geht aus Graebers Analysen der asymmetrisch verpflichtenden Struktur der Schulden mit dem düsteren Gegenbild eines erlösenden Quitt-Werdens als Befreiung von Gesellschaft wie Gott hervor. Damit sind Fragen nach hintergründigen Strukturen aufgeworfen.

3. Kategoriale Klärungen

Insbesondere drei Themenkreise drängen sich zu weiterer kategorialer Klärung auf. Sie betreffen zunächst den Realitätsstatus und die Wirklichkeitsmacht von Gott wie Geld, insofern beide zunächst als Zeichen, Konvention, Recheneinheit, Wunschprojektion, Gedanke oder Vorstellung existieren. Damit ist das klassische Themenfeld der Ontotheologie oder Ideenontologie im Spiel. Sodann bedarf die Frage, ob und inwiefern Gott und Geld strukturell auch durch Selbstverhältnisse ausgezeichnet sind, näherer Erörterung. Der pantheistische Gott und das alles mit allem verbindende Geld haben ihr Vermögen zur Stiftung oder Symbolisierung von Einheit insofern, als ihnen Für-sich-Sein abgeht. Das aber reibt sich mit der Eigendynamik, die beiden in unterschiedlicher Weise zugeschrieben wird – bis zu Selbst- oder Letztzwecklichkeit. Schließlich ist danach zu fragen, in welcher Weise Gott und Geld Ankerpunkte für eine Ordnung bilden, die sich gleichsam über ihre Vollzugsdynamik stabilisiert[35] und dabei normative Muster einschließlich der damit verbundenen Unterscheidungen und Ausschlüsse zur Geltung bringt. Diese Frage führt nicht nur zu den ethischen Themen von Sozialordnung und Lebensführung,

---

[35] Damit wird ein Motiv von H. Rosa aufgenommen. Vgl. ders., Beschleunigung. Die Veränderung der Zeitstrukturen in der Moderne, Frankfurt a.M. 2005.

sondern betrifft auch die elementaren Bewertungen im Spektrum von Gut und Böse. Die genannten Themenkreise sind daher miteinander verbunden.

(1) Die ontotheologische oder ideenontologische Thematik kommt angesichts des Gott und Geld verbindenden Status, keine empirischen Dinge zu sein, auf. Gott und Geld sind zunächst Zeichen oder Symbole, Ideen oder Gedanken. Wenn ihnen selbst ein gleichsam empirischer Realitätsstatus zugesprochen wird, sei es über Münzen bzw. Noten oder Warenwerte beim Geld, sei es über religiöse, ethische oder ästhetische Empfindungen mit entsprechenden Lebenspraktiken bei Gott, so ist dieser Status mental oder sozial vermittelt. Er ist darum aber keineswegs willkürlich oder nichtig. Selbst die These von dem aus Schulden generierten Geld, das damit an ihm selbst nichts ist und gleichsam im Modus der Negation subsistiert, hat in entsprechenden sozialen Ansprüchen seine Wirklichkeit. Gott und Geld verbindet eine eigentümliche Rationalität, nach der ihre Idealität in der sozialen und kulturellen Wirklichkeit beansprucht wird und deren reales Funktionieren ermöglicht. Insofern wird die Frage nach dem Status von Gott und Geld in einer Logik aufgeworfen, die von tatsächlichen Lebensvollzügen aus auf deren Voraussetzungen zurück schließt. Diese Logik ähnelt, *cum grano salis*, der des kosmologischen oder teleologischen Gottesbeweises aus der metaphysischen Tradition. Seine Rationalität besteht darin, die Begriffe der Ursache bzw. des Ziels, die fundamental für allen gleichsam innerweltlichen Vernunftgebrauch sind, durch Abschluss- oder Grenzbegriffe wie die einer ersten Ursache bzw. eines letzten Ziels vor innerer Zersetzung zu bewahren. Solche Zersetzung des Vernunftgebrauchs würde entstehen, wenn jeder Ursache oder jedem

Ziel in endloser Iteration weitere Ursachen oder Ziele beigesetzt werden. Denn damit würde das Grundmuster der Kausal- oder Finallogik, bestimmte Tatbestände durch bestimmte Gründe oder Ziele zu erklären, ruiniert. Der Erstursache wie dem Letztziel kommt daher eine notwendige Funktion bei der Ermöglichung von innerweltlich-endlicher Rationalität in Kausalität wie Finalität zu. Darin ähneln diese Gottesbegriffe der gedanklich-idealen Größe des Geldes, das die reale Funktion hat, soziale Interaktion, die noch Realien wie Güter und Dienstleistungen bewegt, zu ermöglichen. Geld hat allerdings nicht den Status einer ersten oder letzten Größe, sein Status korreliert vielmehr mit exakt-zählbarer Identifizierbarkeit zwischen immer verschiebbaren, aber nie erreichbaren Grenzen. Doch auch dafür wird eine Unermesslichkeit beansprucht. Und während die Gottesbegriffe der Kosmotheologie oder der Teleologie selbst dialektische Grenzbegriffe darstellen und daher stets immanent wie transzendent bleiben, ist die immanente Transzendenz des Geldes auf quantitative Steigerung oder Minimierung durch Tauschprozesse ausgerichtet. Für deren Logik bedarf es keiner Grenzdialektik.

Der kosmologische und der teleologische Beweis bilden gewissermaßen das Umfeld des ontologischen Arguments und exponieren seine Thematik. Insofern gehören sie in den weiteren Zusammenhang der Ontotheologie. Deren Thematik bleibt zu erörtern, auch wenn die Beweiskraft der Argumente durch Kants Kritik erschüttert ist – jedenfalls in dem Sinn, dass diese Argumente ‚Gott' und seine ‚Existenz' gleichsam als empirisches Ding höherer Ordnung nachzuweisen suchten. Dass gleichwohl die Thematik der Ontotheologie nicht verabschiedet werden kann, geht aus zwei Problemdimensionen hervor, welche auch die Ähnlichkeit und den Widerstreit von Gott und Geld erhellen. Die erste betrifft den Zusammenhang von Begriff und Realität, Zeichen und Bezeichnetem, Symbol und Sache oder ganz allgemein: Denken und Sein. Die zweite hat mit dem Motiv, einen Zusammenhang aus sich heraus zu setzen, zu tun.

Den Zusammenhang von Denken und Sein zu erweisen, gehört zu den klassischen Themen der Ontotheologie. Ohne eine zumindest partielle Übereinstimmung gäbe es kein Erkennen und Handeln. Natürlich ist die Übereinstimmung von Denken und Sein – als Inbegriff entsprechender Begriffspaare wie Idealität und Realität, Zeichen und Bezeichnetes, Symbol und Sache – in allem endlichen Erkennen und Handeln stets nur partiell, doch ein gänzliches Auseinanderfallen machte dieses vollkommen unmöglich. Selbst Irrtum und Lüge oder Täuschung und Zielverfehlung sind als solche immer schon auf die Grundformen der Übereinstimmung von Denken und Sein in Erkennen und Handeln bezogen, insofern sie hiervon abweichen. Gott kommt mit der partiellen Übereinstimmung von Denken und Sein insofern ins Spiel, als er als unbedingter Grund, umfassender Inbegriff oder gütiger Garant dieser Übereinstimmung gilt. Der Teufel ist dessen abhängiger Gegenspieler. Diese Übereinstimmung von Denken und Sein zu erweisen, war eine programmatische Absicht des ontologischen Gottesbeweises. Das steckt hinter dem Versuch, den Begriff Gottes so zu konzipieren, dass mit oder durch ihn auch sein Sein zwingend erwiesen wird, insofern es zu einem Selbstwiderspruch dieses Gottesbegriffs führt, wenn er als nichtseiend gedacht würde. Wie unzureichend auch immer die begrifflichen Mittel der Urteile und Schlüsse dieses Grundmusters des ontologischen Arguments sein mögen: solange die Übereinstimmung von Denken und Sein auch in allem endlichen Erkennen und Handeln irgendwie beansprucht wird, bleibt das Thema des ontologischen Arguments präsent. Denn dieses Erkennen und Handeln hat in seiner Leistungskraft daran teil, wofür ohne Beschränkung Gott steht. Die Ähnlichkeit zum Geld ergibt sich daraus, dass auch es Gedankliches und Reales verbindet und ineinander übersetzbar macht. Der an ihm selbst wertlose Wert des Geldes erlaubt es gerade in seiner rein ideellen Symbolizität, reelle dingliche Waren tauschbar zu machen – natürlich immer in sozialen Handlungsprozessen. Obwohl in es „kein Atom Naturstoff" eingeht,[36] kann es tendenziell alle Naturprodukte, Dienstleistungen und Güter nach ihrem Wert über Raum und Zeit hinweg repräsentieren. Und es kann sie messbar machen, und zwar in seiner rein quantitativen Maßeinheit. Allerdings verbleibt das Geld mit seinen Funktionen im Bereich des Endlichen, schon weil es auf soziale Prozesse der ökonomischen Interaktion bezogen ist. Wollte es an ihm selbst zum Grund oder Inbegriff der Übersetzbarkeit und Übereinstimmung von Denken und Sein, Zeichen und Bezeichnetem werden, würde es seine Funktion ruinieren: Bloßes Geld an sich, mithin ohne Relation auf dingliche Güter, wäre wertlos – ebenso wie diese keine Güter mehr wären, wenn sie gänzlich in Geld mutieren. Geld bleibt ein reines Mittel. Freilich gilt auch für Gott, dass sein Begriff die Funktion hat, über Narrative und Handlungen der sich in seinem Horizont verstehen-

---

[36] Mit dieser Metapher beschreibt K. Marx die zum Geld als allgemeine Wertform führende besondere Wertform einzelner Waren. Vgl. ders., Das Kapital, Bd. 1 (1867), zit. nach MEW 23, Berlin 1977, 62.

den Menschen Realität zu setzen oder zu verändern. Das schließt kontrafaktische Momente ein, die sich insbesondere durch fiktive Dimensionen der Gottesvorstellung motiviert finden. In diesem Sinne können sie verheißene Möglichkeiten etwa der Erlösung in der Lebenseinstellung und -führung der Erlösten performativ wirklich werden lassen. Allerdings beruht dabei das Vertrauen darauf, dass es sich nicht um leere Fiktionen oder Unmögliches handelt. Insofern ist hintergründig mit Gott verbunden, dass keine letzte Nicht-Übereinstimmung von Faktischem und Fiktivem, Möglichem und Wirklichem oder Denken und Sein besteht. Damit ist grundsätzlich ein Überschritt über das Endliche verbunden. In seinem Radius und in seiner Perspektive ist Gott immer auch darüber hinaus.

Die zweite Problemdimension der Ontotheologie betrifft das klassische Motiv der Selbstursächlichkeit oder Selbstmächtigkeit. Es ist mit der markantesten Bestimmung des Gottesgedankens – *esse a se* im Unterschied zu allem Endlichen als *esse ab alio* – verbunden. Von der göttlichen Aseität führen Linien zu der paradoxen Figur der *causa sui*, die die Kausalitätsstruktur unmittelbar sprengt. Ihre Pointe liegt denn auch darin, die Struktur der Freiheit zum Ausdruck zu bringen. Über die Abwesenheit von externem Zwang hinaus beinhaltet Freiheit Wesensübereinstimmung und Kreativität zugleich. Wenn Kreativität sich in Veränderung und Anderswerden – etwa von Neuem gegenüber Altem – darstellt, bedarf es in Gott zur Wahrung der Wesensübereinstimmung einer internen Differenz, an der das Anderswerden der Kreativität manifest werden kann. Dieses Anderswerden ist dann im Einklang mit der Wesens- oder Selbstübereinstimmung, wenn die damit verbundene Negation des

Anderen – im Anderswerden – zu ihr selbst hinzugehört. Insofern ist dieses Andere mitsamt der mit ihm verbundenen Negation in Gott selbst zu denken. Gott ist darin Gott, dass er auch das Andere seiner selbst ist. In der christlichen Tradition ist dieses Motiv im Trintiätsgedanken sowie der christologischen Figur der Menschwerdung mit ihrer kreuzestheologischen Spitze, in der das innere Anderssein Gottes bis hin zur Negativität des Gegenteils seiner selbst ausgezogen wird, enthalten. Aufgrund dieser gestuften Negativität in Gott kann er als solcher Freiheit in ihrem Vollzug sein. In diesem Freiheitsvollzug kann Gott ebenso alles umfassen wie zugleich selbstgenügsam sein.[37] Darum braucht er nicht, wie das alles verschuldende Absolute, die permanente Rückzahlung der Schulden von allem Anderen. Die Selbstgenügsamkeit Gottes ermöglicht demgegenüber die eigene Freiheit eines Anderen. Die zunächst paradoxen, sodann aber negationsdialektisch dechiffrierbaren Figuren der *creatio ex nihilo* und der *causa sui* gehören freiheitstheologisch zusammen. Das Selbstsein des Kreatürlich-Anderen wird seinerseits von Gott frei gelassen und kann darum selbständig sein. Die Selbständigkeit des Kreatürlichen hat an der göttlichen Selbstgenügsamkeit teil, allerdings in der Differenz des Anderen und als Endliches seinerseits bezogen auf Anderes. Darin vollzieht es in seiner Freiheit zugleich den Selbstvollzug göttlicher Freiheit. Gott lässt das Kreatürlich-Andere in Teilhabe an ihm zugleich selbständig und mithin frei sein. Das unterscheidet ihn vom Geld. Es mag wohl aus seiner Abwesenheit oder Ne-

[37] Damit wird ein Motiv von D. Henrich aufgenommen. Vgl. ders, Denken und Selbstsein. Vorlesungen über Subjektivität, Frankfurt a.M. 2007, 268 f.

gation heraus kreiert werden, wie an der Geldschöpfung durch Kreditvergabe oder gar aus der Genese des Geldes aus Schulden überhaupt sichtbar werden kann. Obwohl es auf seine Negation bezogen ist, eignet ihm aber gerade keine Selbstursächlichkeit. Denn die Negation bleibt dem Geld als ihm selbst äußerlich, im Unterschied zum christlichen Gott. Das zeigt sich spätestens dann, wenn das aus Schulden hervorgehende Geld deren Gewalt gegen Anderes fortschreibt. Damit fehlt dem Geld letztlich Selbstgenügsamkeit. Gleiches gilt im Blick auf Kreativität. Sie geht dem Geld als solchem ab. Kreativität mag vom Geld motiviert sein, aber nicht von ihm selbst vollzogen. Geld kann allenfalls ähnlich dem aristotelische Gott ‚wie ein Geliebtes' bewegen, doch ursächliche Selbstbewegung kennt es nicht.[38] Selbst die gegenwärtig diskutierte Idee des ‚Helikoptergeldes',[39] das irgendwie von ‚oben' und gleichsam ‚aus dem Nichts' heraus abgeworfen wird und die glücklichen Finder zur wirtschaftsstimulierenden Verausgabung anstacheln soll, beansprucht für sein Wirken fremde Akteure, die in ihm gerade nicht nur Geld, sondern mögliche Güter sehen. Reines Helikoptergeld müsste zudem in unermesslicher Menge vorhanden sein,

[38] Vgl. Aristoteles, Metaphysik XII, 7 (1072b).

[39] Gemeint ist der Vorschlag von M. Friedmann, die Wirtschaft durch noch mehr Geld, als es die Zentralbanken mit ihrer Politik des billigen, weil zinslosen Geldes ausgeben und damit die Geschäftsbanken zu weiterer Geldschöpfung durch Kredite motivieren, zu beleben – wobei dieses Geld gleichsam von Helikoptern abgeworfen wird. Der Helikopter soll mithin das Motiv der *creatio ex nihilo* vergegenwärtigen. – Bei diesem Vorschlag wird die Negation in Gestalt inflationärer Geldentwertung billigend in Kauf genommen und zugleich aus dem Geld in reale Vermögensverhältnisse ausgelagert, um psychologisch die Verausgabung zu befeuern und die Wirtschaft zu stimulieren.

da es mengenmäßig nicht an Güter gebunden ist. Damit würde jedoch seine Selbstentwertung einhergehen. Um zu funktionieren, müsste es die Knappheit von Gütern symbolisieren. Seine Knappheitsgrenzen sind allerdings schlicht willkürlich.

(2) Simmel zufolge hat das Geld kein Für-sich-Sein.[40] Das entspricht seiner Eigenart als reines Mittel. Es ist durchgängig Sein-für-Anderes. Dass es das ist, kann zwar in einem formalen Sinn als seine eigene Bestimmtheit beschrieben werden. Aber diese Bestimmtheit widerspricht dem Umstand, dass dem Inhalt nach die Eigenart des Geldes gerade leer ist. Sein Charakter ist eben „Charakterlosigkeit" (273), es ist „substanzgewordene Relativität" (134). Aus dieser Spannung resultiert einerseits die Leistungskraft des Geldes. Sie führt aber andererseits auch zu einer Grenze seiner Geltung und Reichweite, deren Verletzung von der funktionalen Leistungskraft permanent provoziert wird. Die Leistungskraft des Geldes besteht darin, dass es soziale Beziehungen in rein sachlicher Weise mit tendenziell universaler Reichweite vermittelt und dabei von allen personalen Bindungen wie Ehre, Stand, Privilegien und Präferenzen absehen lässt. Dadurch wird individuelle Freiheit ermöglicht und zugleich in universaler Wechselseitigkeit verbunden. Die Geldwirtschaft führt zu „Nivellierung, ... Ausgleichung, ... Herstellung immer umfassenderer socialer Kreise durch die Verbindung des Entlegensten unter gleichen Bedingungen", und sie ermöglicht „die Herausarbeitung des Individuellsten, ... die Unabhängigkeit der Person, ...

[40] Vgl. G. Simmel, Geld, a.a.O., passim (im Folgenden Nachweise im Text in Klammern).

die Selbständigkeit ihrer Ausbildung".[41] Der Zuwachs individueller Freiheit durch ihre Ausgrenzung aus ökonomischen Sozialbeziehungen und deren nahezu unbegrenzte Reichweite – zumal unter Globalisierungsbedingungen – werden dadurch ermöglicht, dass das vermittelnde Zentrum, das Geld, seinerseits ohne Zentrum ist. Dem entspricht, dass die gleichsam pantheistische Einheit des Ganzen im Geld ihrerseits dezentriert wird und in geradezu einheitslose Pluralität überführt wird. Das zeigt die Vielzahl von Währungen – bis hin zu gegenwärtigen staatsfernen elektronischen Währungskreationen wie Bitcoin. Doch weil seine Einheit nur im Vielen ist, provoziert das Geld auch permanente Verletzungen seines Charakters als reines Mittel. Sie liegen darin, dass das Geld seinen reinen Mittelcharakter immer auch gleichsam verschleiert, indem es bereits als Geld selbst eine unendliche Fülle von Möglichkeiten verspricht, über die die Akteure verfügen wollen. Dennoch stiftet das Geld als solches keine Möglichkeiten oder spielt sie den Akteuren gar zu. Stattdessen lässt es den Erwerb von dem reinen Mittel Geld selbst zum Zweck werden, bis hin zum Selbst- oder Letztzweck mit dem Potential der Stiftung subjektiven Sinns.

Damit geht einher, dass der umfassende ‚Ausgleich' durch die reine Wechselseitigkeitsstruktur des Geldes permanent durch die Ungleichheiten, die den ökonomischen Tausch allererst motivieren, hintertrieben wird: Die Geldökonomie lebt von Asymmetrien bei der individuellen Freiheit durch Verfügung über Eigentum, und sie

[41] G. Simmel, Das Geld in der modernen Cultur, in: GA Bd. 5: Aufsätze und Abhandlungen 1894–1900, hg. v. H.-J. Dahme, D.P. Frisby u. O. Rammstedt, Frankfurt a.M. 1992, 178–196; hier 184.

produziert diese Asymmetrien durch das Tauschgeschehen permanent weiter. Eigentum ist ein durch Exklusivität der Verfügung und mithin Ausschließung konstituiertes Sozialverhältnis, das gleichwohl von allen respektiert sein will. Die damit verbundenen Asymmetrien können in naturwüchsigen Voraussetzungen wie unterschiedlich verteiltem Geschick der Individuen liegen, mehr noch sind geschichtlich-soziale Unterschiede in der Verteilung von Eigentumsvermögen, das zum produktiven Kapital zur Steigerung des Geldvermögens eingesetzt wird, hierfür verantwortlich. Dessen Struktur korreliert mit der Mutation des Geldes vom Mittel zum Zweck. Dieser Zweck ist freilich nur scheinbar ein Zweck – auch das zum Selbstzweck gewordene Geld hat kein Für-sich-Sein –, seine Zweckhaftigkeit bleibt mittelbar auf den Zweck weiteren Gelderwerbs ausgerichtet. Das lässt sich insbesondere an der Logik eines sich von der Realwirtschaft abkoppelnden Finanzkapitalismus sehen, bei dem aus reinem Handel von Geld gegen Geld in Gestalt von Finanzderivaten spekulativ mehr Geld generiert werden soll. Seine Logik scheint auf einem Reflexivwerden des Geldes zu basieren – Geld bezieht sich im Geldhandel auf Geld –, obwohl und insofern Geld kein reflexives Zentrum oder Für-sich-Sein besitzt. Faktisch wird durch den Finanzkapitalismus denn auch kein Mehrwert an Geld generiert, sondern es werden, in vielfach verschleierter Form, reale Eigentums- und Freiheitsverhältnisse verändert. Auch der Finanzkapitalismus vermag Aristoteles' Einsicht, dass Geld ‚keine Jungen zeugt' nicht zu widerlegen,[42] auch die Generation von Geld durch Geld ist keine *creatio ex nihilo* in der Funk-

[42] Vgl. die Chrematismuskritik von Aristoteles, Politik I, 10 (1258 b).

tionslogik einer *causa sui*. Das zeigen etwa die Studien von Thomas Piketty, wonach mit der zunehmend von realwirtschaftlichen Prozessen abgekoppelten Finanzwirtschaft eine verstärkte Umverteilung der Erträge von Arbeits- und Kapitaleinkommen zugunsten von letzterem stattfindet.[43] Da Kapital selbst nicht produktiv ist, stecken hinter diesem Phänomen reale Verschiebungen von Erträgen. Damit sei keineswegs die stimulierende Funktion der Finanzwirtschaft für eine komplexe und kapitalintensive Realwirtschaft, die insbesondere in börsennotierten Aktiengesellschaften organisiert ist, bestritten. Doch die Ertragsverteilung verschiebt sich am Ende asymmetrisch zugunsten der Kapitalrenditen, und zwar global zwischen armen und reichen Ländern wie in einzelnen regionalen Volkswirtschaften, insbesondere China und den USA.[44] Überdies lässt sich die Feststellung nicht vermeiden, dass die mit dem Finanzkapitalismus verbundene Beschleunigung[45] der wirtschaftlichen Entwicklung nicht nur in-

---

[43] Vgl. Th. Piketty, Das Kapital im 21. Jahrhundert (frz. 2013), München 2014, v.a. Teil III (313–624). Dessen Diagnosen kann auch der aufnehmen, der mancher verteilungspolitischen Schlussfolgerung nicht zustimmt.

[44] Damit soll keineswegs bestritten werden, dass die Welthandelsfreiheit durch Globalisierung die Zahl extrem Armer (weniger als 2 $ pro Tag) erheblich zurückgedrängt hat, und zwar nicht nur in China. Und es soll nicht bestritten werden, dass in Deutschland durch das hohe Niveau von Steuerprogression und Transferleistungen die Schere zwischen Arm und Reich in jüngster Zeit kleiner wird. Die wirklichen Armutsrisiken liegen hierzulande beim Versagen der für den Erwerbserfolg notwendigen Bildungsvermittlung.

[45] Vgl. zu den vielfältigen Implikationen dieses Stichworts H. Rosa, Beschleunigung, a.a.O. – Dass Rosa trotz seiner Einsicht in die dynamische Stabilisierung moderner Gesellschaften durch ‚Beschleunigung' inzwischen die eher weiche Kategorie der ‚Reso-

novationsfreundliche ‚kreative Zerstörung‘ von strukturellen Entwicklungshemmnissen im Sinne von Joseph Schumpeter auf der makroökonomischen Ebene impliziert,[46] sondern auch destruktive Zerstörung von Existenzen und individueller Freiheit auf mikroökonomischer Ebene mit sich bringt. Damit zeigt sich eine innere Ambivalenz in Simmels These vom Geld als ‚Ausgleich‘ von Universalität und Individualität.

Mit dem Geld hat Gott die Einheitsstruktur der Wechselwirkung, oder besser: der allseitigen Relationalität gemein; anders als es weist er jedoch Elemente interner Rückbezüglichkeit auf. Seine Struktur des Seins-für-Anderes ist ohne jedes Für-sich-Sein nicht denkbar. Das ergibt sich schon aus der gleichsam panentheistischen Funktion, die Einheit des Ganzen durchgängiger Wechselwirkung des Vielen zu symbolisieren. Diese symbolische Einheit kann selbst nicht wiederum ein bloßes Teilmoment der Vielheit sein. Darum muss auch der panentheistische Gott der All-Einheit als Einziger gedacht werden. Damit zeigen sich Fluchtlinien zum Monotheismus. Singularität lässt sich ohne internes Selbstverhältnis nicht verstehen, sie kann nicht allein durch numerische Bezüge auf externes Anderes bestimmt sein. Bereits darum muss Gott Für-sich-Sein zugesprochen werden, und zwar mit Fluchtlinien zu Selbstbestimmung und -bewusstsein. Das korrespondiert mit der ontotheologischen Thematik der Selbstursächlichkeit und führt zu

---

nanz‘ zum Grundmuster seiner Soziologie der Weltbeziehung erhebt, mag damit zu tun haben, dass darin die gleichsam harte Folie der Ökonomie kaum in Betracht kommt. Vgl. H. Rosa, Resonanz. Soziologie der Weltbeziehung, Berlin ³2016.

[46] Vgl. J. Schumpeter, Kapitalismus, Sozialismus und Demokratie (engl. 1942), Stuttgart 2005, passim.

ihrer Pointe, der Freiheit. Sowohl Selbstübereinstimmung als auch -genügsamkeit rekurrieren auf ein Selbstverhältnis. Das Selbstverhältnis Gottes wird freilich immer nur in der Perspektive des menschlichen Bewusstseins zugänglich. Damit ist die Differenz von Mensch und Gott, von Immanenz und Transzendenz im Spiel. In der Transzendenz Gottes kommen Für-Anderes-Sein und Für-sich-Sein zusammen, das panentheistische Motiv verbindet sich konsequent mit dem monotheistischen. In der menschlichen Immanenz bleiben Für-sich-Sein und Für-Anderes-Sein jedoch immer auch unterschieden. Das Selbstverhältnis und das Sozialverhältnis fallen hier nicht zusammen, ihre Differenz ermöglicht und verlangt Austausch – einschließlich des ökonomischen, der durch das symbolische Medium des Geldes vermittelt ist. Wenn in Gott das Selbstverhältnis und das Verhältnis zum Anderen zusammenkommen, weil das Andere seinerseits in Gott als einheitlichem Ganzen ist, dann ist Gott auch das Andere der Sphäre von symbolisch vermittelten Austauschvollzügen. In religiöser Symbolik wird diese Dialektik durch die Vorstellung einer nichtmedialen, zeichenlosen Kommunikation der innertrinitarischen Personen zum Ausdruck gebracht; der Mittler, also der Geist, ist als Liebe bereits der Geist des Vaters und des Sohnes.[47] Wie auch immer die Reichweite und Leistungskraft der trinitarischen Vorstellungen beurteilt werden mögen: Das Anderssein Gottes gegenüber der Sphäre symbolisch vermittelten Austauschs im Endlichen hat den Sinn, letzterem darüber Aufschluss zu ge-

---

[47] Das gilt jedenfalls für die westkirchliche Intuition der Trinitätsvorstellung, sofern sie in einer nicht subordinatianischen Weise gefasst wird.

währen, dass die Selbständigkeit und Freiheit des Einzelnen mit dem Ganzen in einer Weise zusammen gedacht werden kann, welche die Differenz beider konstruktiv einbezieht. Das ist die Grundfigur moralischer Selbstbestimmung. Sie haftet am Für-sich-Sein der Freiheit, und zwar der Freiheit Gottes und der des Menschen gleichermaßen. Während Freiheit in Gott mit dessen Selbstvollzug als dem Einen, Differenz umschließenden Ganzen zusammenfällt, ist sie dem Menschen als Einzelnem unter Anderen immer auch im Modus des Sollens aufgegeben. Anders als bei Gott, kommen beim Menschen Wesensübereinstimmung und das Kontrafaktische des Anderswerdens als zentrale Elemente von Freiheit nicht gänzlich zur Deckung.

Phänomenal macht sich diese Dimension moralischer Selbstbestimmung darin geltend, dass in christlich-theologischer Perspektive der Mensch in dem Motiv der Gottebenbildlichkeit in seinem Für-sich-Sein anerkannt und mit seiner Freiheit auf die Gleichheit aller anderen bezogen wird – ohne dass damit seiner kreatürlichen Endlichkeit, die ihn auch in Arbeit und ökonomischen Austausch verwickelt, Abbruch getan wird. Das führt mit der Begründung der ökonomischen Sphäre im Endlichen zugleich zu deren Begrenzung. Nach Simmel ist das mit dem Christentum aufgekommene Motiv, dass der Mensch „absoluten Wert" und dass „jede einzelne Seele Platz im Hause Gottes" hat, das ideelle Fundament der Verneinung „des Blutgeldes wie der Sklaverei" (489, 491). Unabhängig von der Frage der empirischen Evidenz dieser christentumsgeschichtlichen Genealogie des absoluten Wertes aller Seelen steckt in diesem Motiv geltungsmäßig das Kontrafaktische der im Absoluten gründenden, zugleich auf den ihm ebenbildlichen Menschen übertragenen moralischen Selbstbestimmung. Vom Für-sich-Sein des das Ganze einenden Gottes führen offensichtlich Linien zu einem Normativen, das immer auch quer steht zum Geld als reinem Mittel, so sehr es dieses auch umfasst.

(3) Dem Geld ist allerdings nicht alles, was Normativität ähnelt, abzusprechen. Das folgt bereits aus dem Umstand, dass sein Realitätsmodus die schon sprachlich mit ihm verwandte Geltung ist. Hinzu kommt, dass das Geld für Werte steht. Bei aller Rückbindung an die von ihm ideell und im Modus der Möglichkeit repräsentierten Güter und deren Brauchbarkeit zur Bedürfnisbefriedigung eignet dem Geld auch etwas Axiologisches. Geld drückt in der Bemessung der Vergleichbarkeit von Gütern eben Werte aus. Dadurch rationalisiert es den Umgang mit knappen, von mehreren oder vielen Anderen begehrten Gütern im Warentausch. Damit ist eine Gewalt eingrenzende Funktion verbunden. Geld ermöglicht den Vergleich. Er erlaubt es, den mit dem Streben nach knappen Gütern verbundenen Kampf in kleinere, wettbewerbliche Einheiten zu zerlegen und damit rohe Gewalt zu limitieren.[48] Geld rationalisiert durch die Wertform soziale Tauschverhältnisse auf Abgleich und Kommunikation hin und pazifiziert dadurch den mit Markt und Tausch gesetzten Konkurrenzkampf.[49] Das ist eine soziale Leistung, die nicht gering zu schätzen ist. Zudem vermittelt das Geld auch Freiheit. Sie steckt im Verfügungspotenzial über die vom Geld repräsentierten Mög-

---

[48] Vgl. N. Luhmann, a.a.O., 253; Ähnlich auch Th. W. Adorno, Negative Dialektik (1966), Frankfurt a.M. 1975, 150.

[49] Dieses Grundmotiv wird weiter ausgeführt von M. Weber, Wirtschaft und Gesellschaft (1921/22), Tübingen [5]1972, Kap. II (31–121), bes. §§ 1, 11, 13; Kap. VI (382–385).

lichkeiten an Gütern, das ohne fremden Zwang realisiert werden kann. Das gilt freilich nur für den, der Eigentümer von Geld ist, und das Verfügungspotenzial ist zugleich rückgekoppelt an die Menge des Geldeigentums als Maß. Damit ist das Geld in seiner Idealität an die Realität der Eigentums- und Verfügungsverhältnisse gebunden. Doch die sind hochgradig wandelbar, je nach Erfolg oder Misserfolg auf dem Markt. Dort ist die Verteilung von Chancen und Risiken immer auch naturwüchsig, je nach politischen Regelungen über die Offenheit des Marktzugangs für alle und über einen Ausgleich der Ergebnisse für die, die aufgrund begrenzter Kräfte ohne Chancen sind. Dies alles ist hochgradig kontingent, bis hin zur Willkür. Die Verteilung von Geld und die Verfügung darüber sind in ihrer tendenziell arbiträren Faktizität jedenfalls nicht durch die schwache Ähnlichkeit von Geld und Normativem bedingt. Das zeigt neben der höchst unterschiedlichen Verteilung des Geldeigentums auch der unentscheidbare Streit über die Frage, in welchem Grad in das Geld die naturwüchsige Gewalt asymmetrischer Schuldverhältnisse einhergeht und in welchem Maß demgegenüber im geldvermittelten, wechselseitigen Äquivalententausch eine Minimierung von Gewalt steckt. Die normativen Implikation der relativen Wertform des Geldes sind offensichtlich schwach und bleiben an andere Faktoren der sozio-ökonomischen Ordnung gebunden.

Das hat seinen Grund im Charakter des Geldes als reines Mittel. Es kann nicht zur Quelle des Normativen werden. Dazu ist eine Instanz vonnöten, deren innerer Selbstbezug es ihr erlaubt, sich von Anderem zu unterscheiden und zugleich selbst zu setzen. Diese Instanz ist strukturell durch Selbsthaftigkeit und Für-sich-Sein ausgezeichnet, ihr eignen mithin wesentliche Merkmale von

Subjektivität. Sie sind Voraussetzungen von Normativität, hinter der stets Grundmuster von Wollen oder auch Sollen stehen. Damit gehen immer Momente von Kreativität und Kontrafaktizität einher. Sie stellen darauf ab, dass etwas anders sein oder werden möge, als faktisch der Fall ist. Schon daher kann die Quelle des Normativen nicht darin aufgehen, was ohnehin gegeben ist – und sei es auch im Modus einer ideellen Wechselseitigkeit wie im geldvermittelten Tausch. Dieser Wechselseitigkeit gegenüber eignet jener Quelle des Normativen mithin eine grundlegende Transzendenz, die sich in der Fähigkeit, momentan Distanz zu nehmen und etwas zu ändern, ausprägt. Das ist ein wesentliches Merkmal von Freiheit. Ohne Freiheit ist Normativität unmöglich.

Allerdings geht Normativität ebenso mit einer regelhaften, das Selbst und das Andere verbindenden Struktur einher, die tendenziell universalisierbar und mithin allgemein ist. Anderenfalls reduzierte sich Freiheit auf Willkür, und der Widerspruch wäre unausweichlich, dass alles Wollen und jeder Akt der Freiheit sich auch von sich selbst distanzieren und zu seiner Faktizität kontrafaktisch setzten müsste. Kontrafaktizität hebt sich in reiner Selbstanwendung auf. Daher ist mit Normativität immer auch ein Gegenmoment zu Für-sich-Sein und Freiheit verbunden. Es steckt in dem sich tendenziell auf alles erstreckenden Für-Anderes-Sein. Damit wird ein Grundelement von durchgängiger Wechselwirkung aufgenommen. Deren inneres Einheitsmoment korrespondiert mit der Selbstbezüglichkeitsstruktur der Freiheit, und diese bindet sich an die Universalität und Allgemeinheit der Wechselseitigkeitsverhältnisse. Normativität ist durch eine innere Gegenläufigkeit gekennzeichnet. Stichwortartig lassen sich als deren Elemente Freiheit und Einheit,

Für-sich-Sein und Wechselwirkung, Selbstbezug und Sein-für-Anderes benennen. Sie stehen jeweils in einer durch Negation vermittelten Polarität.

Es liegt auf der Hand, dass die Elemente des Normativen eher Fluchtlinien zum Gottesgedanken aufweisen als zum Begriff des Geldes. Denn der Gottesgedanke zeichnet sich im Unterschied zum Geldbegriff dadurch aus, dass er neben der Wechselseitigkeit auch Für-sich-Sein beinhaltet. Während die Freiheit beim Geld in der mit anderen Dingen abgleichbaren Verfügungsmacht über Güter und Dienstleistungen besteht und damit dem Geld selbst entzogen und zugunsten der im Tausch tätigen Akteure externalisiert wird, fungiert die Freiheit in Gott als Voraussetzung des Normativen, dessen kontrafaktisches Moment zugleich mit dem Allgemeinen in Verbindung steht. Daher kann das Geld auch nicht als primäre Quelle des Normativen verstanden werden, so sehr es soziale Relationen über den Handel mit Gütern vermittelt und zur je eigenen Freiheitsbetätigung der beteiligten Akteure beiträgt. Für Gott hingegen gilt, dass er mit dem Normativen geradezu zusammengedacht wird. Mehr noch als beim Geld ist sein Modus die Geltung. Das impliziert, dass er immer auch noch einmal abgehoben von den sozialen Bewusstseinsformativen, in denen er zur Sprache kommt, gedacht werden muss. Diese Negativität der Transzendenz Gottes gegenüber der Immanenz seiner Artikulationsgestalten korrespondiert mit der Dynamik von Freiheit und Regelhaftigkeit in der durch Gott symbolisierten Normativität. Diese Dynamik basiert auf der Gegenläufigkeit ihrer beiden Elemente, die in negativer, spannungsvoller Weise aufeinander bezogen sind und eine hintergründige Einheit in transzendenter Verborgenheit bilden. Hierfür steht Gott. Die Dynamik der

Gegenläufigkeit in Gott verbindet die beiden Grundelemente des Kontrafaktischen als Manifestation von Freiheit und des Regelhaften als Maßstab des Allgemeinen. Beide Grundelemente beanspruchen einander, ohne dass die doppelte Inanspruchnahme noch etwas ihnen formal Übergeordnetes wäre. Das führt dazu, dass das Normative in wenigstens zwei polaren Formen erscheint und zu entsprechenden Ordnungsmustern führt. Das eine ist auf Kreativität und Kontrafaktizität gestimmt, das andere auf Wechselseitigkeit und Universalität. Beide Muster benötigen einander: Ohne das erstere verlöre das letztere seine Dynamik und würde tendenziell zum balancierten Stillstand geraten, ohne das letztere ließe sich die kontrafaktische Veränderung des ersteren nicht einmal fassen und festhalten. Beide Ordnungsmuster verweisen aufeinander im Modus von Kritik und Korrektur – freilich in einer sehr grundlegenden Weise, die empirisch in vielen Phänomenen erscheint und diese aufschließt.

Geld ist demgegenüber auf externe normative Ordnungsfaktoren angewiesen, um funktionieren zu können. Es repräsentiert wirtschaftliche Güter und Dienstleistungen, vermag als solches aber die Kreativität von deren Produktion nicht zu setzen. Es ist auf eine Ordnung der Wirtschaft angewiesen, die es selbst nicht hervorbringt. Diesseits roher Gewalt wird die Durchführung geldvermittelter Tauschprozesse durch das Recht und seinen Zwang gewährleistet. Geldwährungen sind in begrenzten Territorien und Zeiten gesetzliche Zahlungsmittel, und die Menge ihrer Zirkulation wird durch staatliche Institutionen wie Zentralbanken festgelegt. Die Liste normativer Bedingungen und entsprechender Ordnungsfaktoren ließe sich leicht erweitern. Schon die Wechselseitigkeit des geldvermittelten Tauschs fußt auf uneinholbaren

Voraussetzungen, ebenso haften die Funktionen der Recheneinheit und Wertaufbewahrung an Festlegungen und Garantien, die wiederum auf die Kreativität und Innovation der ökonomischen Akteure abstellen. Gleichwohl produziert das Geld in seiner alles einbeziehenden, tendenziell grenzenlosen Ubiquität und Omnipräsenz den Schein, selbst eine umfassende Ordnung: den Kapitalismus, zu generieren. Dass es gerade kein Für-sich-Sein hat und insofern nicht absolut, sondern selbst endlich ist, wird darin verdeckt. Als universales Sein-für-Anderes hat es darin seine Grenze, dass ihm Für-sich-Sein gerade abgeht. Darum kann es nicht das Ganze einer Ordnung sein. Das gilt auch für den Kapitalismus. Es bedarf vielmehr einer das Geld übergreifenden, komplexeren Ordnung im normativen Sinn. Sie ermöglicht sein Fungieren, indem sie es auf seine Funktion begrenzt.

4. Zur normativen Ordnung des Geldes – oder Kapitalismus als Religion?

In dem ebenso knappen wie wirkmächtigen Fragment „Kapitalismus als Religion“ vertritt Walter Benjamin die These, dass der Kapitalismus dieselben Sorgen und Nöte bearbeite, die ehedem Sache der Religion gewesen seien.[50] Sein religiöser Charakter liegt für Benjamin darin, dass er die Transzendenz Gottes in einer Art inhaltslosem Dauerkult rastloser Steigerung, für die die Zinseszinsrechnung Modell steht, in die Immanenz gezogen habe. Benjamin kehrt mithin das klassische ökonomiekritische Argument aus der theologischen Tradition um, wonach Zins sich an der Gott vorbehaltenen Zeit vergreift und sie für innerweltliche wirtschaftliche Vorteile handhabbar macht. In diesem umgekehrten Dauerkult der Steigerung sei es zu einer Verwandlung von Christentum in Kapitalismus gekommen, bei der das Geld unter Adaption von christlich-mythischen Elementen einen eigenen Mythos konstituiere (vgl. 17). Dieser verkehre die Logik von Schuld und Versöhnung im Gottesverhältnis und setze ihr eine Logik permanent steigender Verschuldung entgegen. Deren Last werde im Dauerkult durch Ausweitung und Verteilung zu tragen versucht. Die Verschuldung

[50] W. Benjamin, Kapitalismus als Religion, in dem gleichnamigen Band, hg. v. D. Baecker Berlin 2003, 15–18; hier 15 (im Folgenden Nachweise im Text im Klammern).

greife immer weiter um sich und beziehe neben immer mehr Menschen auch Gott mit ein. Doch nicht primär die tendenziell alle, Menschen wie Gott, einbegreifende und in der Schuldverpflichtung verbindende Lastenverteilung mit ihrem sozialisierenden Gleichheitsmoment bahnt im Negativ den Weg zur Erlösung. Benjamin denkt vielmehr – wie in seiner Geschichtsphilosophie – in den apokalyptischen Bahnen der „Zertrümmerung" des Seins, die die überlieferten Figuren seiner „Reform" verdrängen werde (16). Gerade und nur aus der „Ausweitung der Verzweiflung zum religiösen Weltzustand" könne „die Heilung erwart[et] werden" (ebd.). Wie diese genauer aussieht, ob sie im negativistischen Zusammenschluss von Gott, Welt und Mensch besteht[51] oder in einem Ende von deren durch Schuld gestifteten Verbindung,[52] lässt Benjamin offen. Stattdessen beschreibt er mit Hinweisen auf Nietzsches Übermensch den mit dem Kapitalismus einhergehenden Lebenstyp „diskontinuierliche[r] Steigerung", der sich aller Umkehr und Buße entgegensetzt (16). Ironischerweise mag darin untergründig etwas von einem kapitalistisch-modernen Umgang mit Schulden anklingen. Denn diese werden weniger als eine aus der Vergangenheit resultierende Schuld mit einem Erlösungsdrang als Kehrseite verstanden, sondern erschließen vielmehr als Investment die Zukunft.[53]

---

[51] Bei diesem Modell mag man an eine umgekehrte *unio mystica* denken, deren Fokussierung des Negativs protestantische Muster von Gesetz und Sünde anklingen lässt.

[52] Bei diesem Gedanken mag man an manche Implikationen von Graebers Theorie denken.

[53] Vgl. N. Bolz, Der Kapitalismus – eine Erfindung von Theologen? In: Kapitalismus als Religion, a.a.O., 187–207; hier 206.

Benjamins These, dass der Kapitalismus ein in gleichsam negativistischer Umkehrung säkularisierter Gotteskult mit einer im Geld symbolisierten Steigerungslogik sei, verstand sich als Reaktion auf die Herausforderung, die die mentalitätsgeschichtlichen Studien von Ernst Troeltsch und Max Weber zur Entstehung des kapitalistischen Geistes im Gefolge des Protestantismus darstellten. Die maßgeblichen Stichworte in diesem Zusammenhang lauten Rationalisierung und asketische Lebensführung, die in einem Ideal des agonal, also durch Konkurrenz und Wettkampf vergesellschaftenden Berufsmenschentums zusammenlaufen.[54] Die detaillierte Erörterung von Benjamins und Webers bzw. Troeltschs Thesen vom Kapitalismus als Säkularisat des Christentums und vor allem des Protestantismus mag hier auf sich beruhen. Interessant ist vor allem, dass von allen Autoren eine Logik zunehmender Steigerung an Rationalisierung und Effektivität beschrieben wird, die zugleich mit einer immer weiter um sich greifenden und alles in sich hineinziehenden Vergesellschaftung einhergeht. Hinter diesen Mustern lässt sich eine verschlungene Durchdringung der beiden im Abgleich von Geld und Gott sichtbaren Grundmotive der Kreativität und der allseitigen Verbindung erkennen. Anders als bei klassisch liberalen Figuren normativer Ordnungen, die deren Differenz etwa über den Gegensatz von Freiheit und Gleichheit akzentuieren, sind in den skizzierten Thesen beide Grundmuster unentwirrbar miteinander verwickelt. Damit ist übrigens ein Unterschied gegenüber Nietzsche markiert,

[54] Vgl. M. Weber, Die protestantische Ethik und der Geist des Kapitalismus, a.a.O.; E. Troeltsch, Der Protestantismus und die Entstehung der modernen Welt (1902), München/Berlin [4]1920.

der von Weber wie Benjamin implizit als Kronzeuge für ihr jeweiliges Konzept herangezogen wird. Nietzsches Diagnosen von Moderne und Gegenwart betonen, dass das Christentum und mehr noch der Protestantismus den gleichmacherischen Idealen des Neides gegen alles Vornehme geprägten Ressentiments Vorschub geleistet haben, deren Spur bis in sozialistische Visionen verfolgt werden kann. Das Christentum wird hier keineswegs in der Nähe zum Kapitalismus gesehen. In den christlich-sozialistischen Visionen werde die Freiheit, zu der immer individualisierende Abweichungen bis hin zu gleichsam kreativer Zerstörung hinzugehört, zugunsten einer sich im Mittelmaß des Vorhandenen einrichtenden Zufriedenheit zurückgedrängt. Deren Paradigma liege in dem ruhiggestellten Ressentiment des alle Kreativität erstickenden Neides, dass es anderen ja nicht besser ergehe als einem selbst. Zur Entfaltung komme die Freiheit erst im Ideal des Übermenschen, der allerdings die Fesseln von vergesellschaftender Gleichheit abwirft und in seiner forcierten Individualität auf Andere allenfalls im Modus von Güte zugeht.[55] Hier fallen die Leitmotive der Freiheit und der Gleichheit auseiander und stehen einander geradezu diametral gegenüber.

Zur Religion, besser: Anti-Religion, mutiert die kapitalistische Geldökonomie offensichtlich dadurch, dass sich an die Stelle eines kritischen Ab- und Ausgleichs der gegenläufigen normativen Kräfte deren abstrakte Gleichschaltung oder deren simple Separation setzt. Das wird in einer Verschiebung von Regeln manifest.

---

[55] Zu näheren Einzelheiten vgl. vom Vf., Selbstbewusstsein individueller Freiheit, Tübingen 2005, bes. 455 ff.; ders., Ganzheit und Kontrafaktizität, Tübingen 2014, 85 ff.; 219 ff.

Dazu gehören auf der einen Seite Prozesse der Deregulierung wie die Abschaffung von Zünften und Privilegien im Marktzugang sowie von personalisierter Verantwortung für Abhängige in der frühen Moderne, die Zulassung oder gar Förderung von tendenziell markzerstörerischen Monopolen der Großindustrie im frühen 20. Jahrhundert, die Entwicklung des Freihandels in globalem Maßstab im späten 20. Jahrhundert sowie die beschleunigte Abkoppelung der Finanzwirtschaft mitsamt ihren schon durch künstliche Komplexion intransparenten Derivaten von der Realwirtschaft zu Beginn des 21. Jahrhunderts. Auf der anderen Seite finden sich Entwicklungen der Überregulierung. Sie zeigen sich, wenn der Staat als Ordnungskraft der Wirtschaft zugleich selbst zu einem ihrer Akteure wird oder sich mit bestimmten Akteuren verbindet, wenn er durch nationalistischen Protektionismus und Abschottung Handelsbarrieren aufrichtet oder wenn er sich die Loyalität bestimmter Gruppen durch Mechanismen der Gewinnabschöpfung und Umverteilung erkauft, die am Ende die Kreativität erlahmen lassen. Dabei sind De- und Überregulierung jeweils noch in feineren Differentialen in beiden idealtypischen Reihen zu finden. Man könnte daher besser von falscher Regulierung sprechen.

So setzten die Akteure im Finanzkapitalismus aufgrund gelockerter staatlicher Regeln oder Vorgaben zur kreditfinanzierten Wirtschaftsbelebung ihrerseits spekulativ neue und andere Regeln, die die Realwirtschaft durch finanzwirtschaftliche Instrumente der Ausschlachtung von Unternehmen massiv beeinträchtigen und wie in der Banken- und Schuldenkrise nach 2007/08 sogar ganze Staaten dazu zwingen konnten, Kredit- und Spekulationsrisiken von der Haftung auszunehmen und auf die Allgemeinheit der Steuerzahler zu überwälzen. Das zehrt massiv an der Legitimität der Staaten sowie der ganzen Sozialordnung, zumal in Verbindung mit einer einseitigen Verteilung von Globalisierungsgewinnen und -lasten, die insbesondere durch die Hebelwirkung des Handels mit Finanzprodukten entstehen. Umgekehrt hat die Staatschuldenkrise auch gezeigt, dass auch Staaten ihre eigenen Regeln biegen und brechen können, wenn es um gewünschte Effekte trotz erheblicher Nachteile für bestimmte Gruppen geht. Die aktuelle Niedrigzinspolitik zur Bewältigung der Folgen der Finanz- und Eurokrise mitsamt ihrem Umverteilungseffekt von kleineren Sparvermögen hin zu Aktien- und Immobilienvermögen mag als Beispiel reichen. Auch eine Politik der Abschöpfung und Umverteilung verbindet Regulierung oftmals mit neuen Akzenten zugunsten anderer Akteure und Gruppen, etwa im Interesse der Wählerbindung.

Offensichtlich bedarf es einer zumindest doppelseitigen Kritik und Korrektur der normativen Ordnungsmuster, die sich aus dem gleichsam ideologie- oder religionskritischen Vergleich von Gott und Geld in Ähnlichkeit und Widerstreit ergeben. Dieser Vergleich hat von der jeweiligen inneren Logik normative Muster hervortreten lassen, die wirtschaftsethisch konkretisiert werden können. Die weiter differenzierbare Doppelpolarität der normativen Ordnungsmuster rückt in wirtschaftsethischer Konkretion das Zusammenspiel mehrerer Instanzen in den Blick, die gerade in ihrer Unterschiedlichkeit aufeinander bezogen sind. Im Blick auf die Ökonomie sind dies zuvörderst der Markt und der Staat. Die ökonomische Dynamik des Marktes ermöglicht Wohlstand, aber die mit ihm verbundenen Kräfte wechselseitiger Vergesellschaftung durch Tauschverhältnisse schaffen keineswegs automatisch kooperative Integration zum Nutzen Aller.[56] Hier sind staatliche Korrektive herausgefordert, sie werden freilich permanent hintertrieben. Das gilt unter den Bedingungen des globalisierten Finanzkapitalismus, mit dem die Nationalstaaten kaum Schritt halten, umso mehr. Umgekehrt können sie den globalen Handel protektionistisch einschränken – mit Wohlstandseinbußen als Folge.

Zwar hat gerade die jüngste Globalisierungswelle zu einem erheblichen Wohlstandszuwachs in den Schwellenländern mit großem Rückgang massiver Armut geführt, aber sie hat die krasse Armut keineswegs global beseitigt und zugleich zu massiven Zuwächsen bei sehr großen Vermögen geführt, schon in den Schwellenländern, mehr noch in den entwickelten Ländern. Gemessen an der enormen Steigerung großer Vermögen wird die Stagnation unterer Einkommen bei weniger qualifizierten Arbeitskräften in den Industrieländern besonders stark erlebt, obwohl harte Armut hier durch sozialstaatliche Maßnahmen eher selten zu finden ist und insbesondere denjenigen droht, die aufgrund mangelnder Bildung oder Krankheit sowie biographischer Brüche kaum Chancen zur ökonomischen Integration haben und am Ende durch die meisten sozialstaatlichen Raster auf das unterste Sicherungsniveau fallen.[57] Die enorme Ausweitung der Finanzmärkte mit ihren spekulativen Geldpro-

[56] Vgl. zu den gleichsam religionsähnlichen Paradoxien des Markt-Paradigmas J. Hörisch, Man muss dran glauben, a.a.O.

[57] Das gilt insbesondere in Deutschland und z.T. auch in Europa, während in den USA das Niveau des Sozialstaats wenig ausgebaut ist und an seine Stelle günstigstenfalls privates Engagement tritt. Vgl. in diesem Zusammenhang G. Cremer, Armut in Deutschland. Wer ist arm? Was läuft schief? Wie können wir han-

dukten haben im Gefolge der Globalisierung Tendenzen zur Plutokratie befördert. Deren populistischer Resonanzraum mit seinen schrillen Klängen spricht, wie insbesondere in den USA sichtbar, eigentümlicherweise gerade die relativen Verlierer der Globalisierung an. Das gefährdet die auf politische Partizipation abstellende demokratische Ordnung. Deren staatliche Institutionen können demgegenüber Regeln für die ökonomischen Prozesse erlassen und sie überwachen. Sie können auch auf vielen Ebenen kritisch gegensteuern und Korrekturen an Entwicklungen der kapitalistischen Geldökonomie vornehmen. Die entsprechenden Instrumente beginnen bei den grundlegenden Prinzipien des Rechts wie dem Konnex von Risiko und Haftung, die die Privatisierung von Gewinnen und Überwälzung von Verlusten an die Allgemeinheit ausschließen; hinzu kommen Steuertarife, die auch problematische Entwicklungen wie den wenig produktiven Hochfrequenzhandel einhegen und Transaktionsgewinne abschöpfen; weiterhin sind die öffentlichen Sicherungssysteme bis hin zu sozialstaatlichen Maßnahmen zu nennen; und die Instrumente enden auch nicht bei antizyklischen Eingriffen in makroökonomische Prozesse. Zu den wohl wichtigsten Faktoren staatlicher Korrekturen gehört die Organisation und Finanzierung eines für alle offenen Bildungssystems, das den Individuen auch ökonomische Chancen eröffnet – und zwar mit der normativen Forderung, Ungleichheiten der jeweiligen Herkunft kontrafaktisch zu korrigieren. Die Mängel des Bildungssystems dürften zu den größten

---

deln? München 2016; J. Nida-Rümelin, Ungleich ist nicht immer ungerecht, in: FAZ, 19.12.2016, 10.

Problemen staatlicher Regulierung von ökonomischen Gleichheits- und Gerechtigkeitsproblemen gehören.

Der Staat kann zwar regulieren und auf Ausgleich sowie auf Förderung individueller Chancen durch Bildung drängen, aber selbst Wohlstand schaffen kann er nicht. Diese sozialistische Utopie hat sich nachhaltig entzaubert. Gleichwohl kann der Staat seiner eigenen Aufgabe gegenüber der Wirtschaft nur dann nachkommen, wenn er hinreichend stark ist – freilich ohne dadurch zum ‚irdischen Gott' zu werden.[58] Geschwächt wird er, wenn er vornehmlich nach neoliberalem Muster in Kategorien des ökonomischen ‚Gottes auf Erden',[59] dem Geld, verstanden und gestaltet wird. Das beginnt bei Versuchen zur Privatisierung von Kernaufgaben staatlichen Handelns mit entsprechenden Gewinnerwartungen und bei lobbyistischer Beeinflussung zugunsten von Partikularinteressen; das zeigt sich in einer Mentalität, die tendenziell alle Sozialverhältnisse in ökonomische Formen bringen will – etwa indem Kranke als Kunden von Ärzten, Erwerbssuchende als Kunden des Jobcenters und Lernende als Kunden von Bildungseinrichtungen gesehen werden; und das führt über den Binnenraum von Nationalsaaten hinaus schließlich zu zwischenstaatlichem ökonomischem Wettbewerb durch Steuerdumping oder Subventionen. Den Hintergrund für diese Entwicklung bildet, dass der Staat in bedeutenden frühneuzeitlich-liberalen Konzepten selbst als Resultat eines ökonomischen Vertrags gedacht worden ist – gleichsam im Gegenzug zu Le-

---

[58] Vgl. L. Siep, Der Staat als irdischer Gott, Tübingen 2015.

[59] Vgl. G. Simmel, Geld, 307 (in Aufnahme einer Formulierung von Hans Sachs). Ähnlich G. Simmel, Das Geld in der modernen Cultur, a.a.O., 191, wo das „Geld [als] der Gott unserer Zeit" beschrieben wird.

gitimationen durch ein Gottesgnadentum. Wenn hierbei nicht – wie im neuzeitlichen Naturrecht – die ideelle Allgemeinheit sämtlicher Menschen als Vertragspartner mitgedacht und im Staatsgedanken eine supranationale, kosmopolitische Dimension betont wird, ist der Weg, den Staat lobbyistisch als Interessenhandlanger zu missbrauchen, nicht allzu weit.

Offensichtlich prägen auf beiden Seiten, der kapitalistischen Geldwirtschaft wie dem demokratischen Rechtsstaat, die beiden normativen Grundmotive empirische Handlungen und Strukturen und beanspruchen einander dabei. Ökonomische Kreativität, die freilich von lebenspraktischen und technischen Ideen getragen sein muss, kann ihre freiheitssteigernden Gewinnerwartungen langfristig nur realisieren, wenn der auf Wechselseitigkeit abstellende Markt funktioniert und nicht durch Partikularinteressen verzerrt wird. Wenn dazu der Staat im Einklang mit seinem Prinzip der Allgemeinheit entsprechende Regeln setzt, tut er dies zugleich im Interesse der Freiheit aller. Dabei gilt zugleich, dass der Staat wohl die Voraussetzungen ökonomischer Kreativität etwa durch Bildung stärken kann, aber diese Kreativität selbst nicht in seiner Regie hat. Auch im Blick auf die Ökonomie lebt er von Voraussetzungen, die er nicht selbst hervorbringt. Gleiches gilt freilich auch umgekehrt.

Dass beide normativen Grundprinzipien mit ihren Ordnungsmustern nicht in einer Instanz zusammenfallen, sondern auf wenigstes zwei verteilt sind und darin wiederum weitere polare Konstellationen bilden, bestätigt die im Vergleich von Gott und Geld gewonnene Mehrfach-Polarität von normativen Prinzipien. In diesem Vergleich wird überdies deutlich, dass weder die eine, noch die andere Instanz, also weder die kapitalistische

Wirtschaft, noch der liberale und demokratische Rechtsstaat, zu einer einzigen, alles bestimmenden Größe zusammengezogen werden können, wenn das komplexe Ineinander ihrer Funktionen nicht Schaden nehmen soll. Im Blick auf den Gottesvergleich schlägt sich in diesem Umstand deren Relativität und Endlichkeit nieder. Weder der Staat, noch das Geld dürfen daher zum Gott auf Erden mutieren. Der Ort Gottes ist empirisch nicht dingfest zu machen. Er bleibt transzendent – so sehr er auf die Immanenz bezogen ist. Diese Unterscheidung hat auch eine Pointe im Blick auf die Universalität der symbolischen Medialität des Geldes: Geld bleibt ein reines Mittel, es ist darum teils gottähnlich und teils gerade nicht: Ebendeshalb ist es nicht der Gott auf Erden.

5. Schlussbemerkung

Diese Überlegungen übertragen gleichsam Grundmotive der protestantischen Zwei-Reiche/Regimente-Lehre auf die Sphäre der Geldökonomie. Deren grundlegende Differenzierung von Religion und Politik, die an Unterscheidungen im Gottesgedanken anschließen, erlauben es, im Abgleich von Gott und Geld Konkretionen vorzunehmen, die sich in der Unterscheidung der normativen Muster und ihrer institutionellen Gestalten von Markt und Staat niederschlagen. Hier führen sie zu einer Vergegenwärtigung der Grundorientierungen der Sozialen Marktwirtschaft unter veränderten Bedingungen.[60] Damit nehmen sie wesentliche Impulse des aus der Aufklärung hervorgegangenen Denkens auf, das deren Prinzipien der Gleichheit und der Freiheit nicht zuletzt für die Sphäre der politischen Ökonomie fruchtbar gemacht hat. Zugleich erweitern und aktualisieren die Überlegungen diese Impulse mit Blick auf einen gleichsam zur Religion werdenden Kapitalismus. Auch die Erweiterung der marktwirtschaftlichen Grundsätze durch den Sozialstaatsgedanken schreibt die aufklärerische Intuition fort, dass durch geeignete Maßnahmen alle dazu befä-

[60] Vgl. zu dem Begriff G. Wegener, „So hatte das Ludwig Erhard aber nicht gemeint“. Transformationen der Sozialen Marktwirtschaft, in: Jahrbuch Sozialer Protestantismus 1, Gütersloh 2007.

higt werden sollen, ihren Lebensunterhalt durch Erwerb zu bestreiten und dadurch zur Freiheit fähig zu werden. So sehr diese Intuitionen einen starken lutherischen Hintergrund haben, so sehr nehmen sie das Motiv auf, nach dem gerade auch ökonomische Kreativität und die darin waltende Freiheit mitsamt ihren Konsequenzen *sub specie Dei* zu verstehen sind und gewissermaßen eine Teilhabe an Gott im Endlichen darstellen. Ähnliches gilt im Blick auf den Markt, der die religiöse Logik, das Irrationale zu rationalisieren, für innerweltliches wirtschaftliches Handeln fruchtbar macht. Dieses Motivbündel, das vor calvinistischem Hintergrund insbesondere in angelsächsischen Protestantismus-Traditionen bis hin zu bestimmten pentecostalen Strömungen zu finden ist, hat die jüngere deutschsprachige theologische Sozialethik weniger bestimmt als der eher in sozialdemokratisch-sozialistischen Kontexten gepflegte Gedanke, dass besondere Freiheitsrisiken durch staatliche Eingriffe in das Wirtschaftsgeschehen mit nivellierender Wirkung zu egalisieren sind. Kapitalismuskritik und Polemik gegen den Geld-Gott haben lange protestantische Traditionen, nicht zuletzt angesichts der Marginalisierung der Kirchen durch die zunehmend vom ökonomischen Prozess erwartete Integration und Legitimierung des Gemeinwesens. Demgegenüber zeichnen sich in jüngerer Zeit Tendenzen in der protestantischen Wirtschaftsethik ab, an das Konzept der Sozialen Marktwirtschaft anzuschließen und es unter veränderten Bedingungen zu modernisieren, freilich mit unterschiedlichen wirtschaftsethischen und -politischen Akzenten.[61] Die um den Ge-

[61] Vgl. exemplarisch G. Meckenstock, Wirtschaftsethik, Berlin/New York 1997; T. Jähnichen, Wirtschaftsethik. Konstellatio-

danken der Gabe zentrierten Alternativfiguren haben jedenfalls nicht den Komplexitäts- und Konkretionsgrad erreicht, dessen es für ihre Anwendung auf gegenwärtige ökonomische Prozesse bedürfte – auch wenn sie gern am Rand sozialethisch-ökonomischer Erwägungen mit Blick auf die Heilsökonomie herangezogen werden.[62] Mit der Fortschreibung des Konzepts der Sozialen Marktwirtschaft korrespondieren nicht nur wesentliche kirchliche Stellungnahmen, sondern auch historische Vergewisserungen der protestantischen Wurzeln dieses ökonomisch-politischen Konzepts.[63]

In systematisch-theologischer Hinsicht sei abschließend einer Begründungsoffenheit der Sozialen Marktwirtschaft das Wort geredet. Ihr Ankerpunkt ist die Unterscheidung von Transzendenz und Immanenz, die einer Deduktion irdischer Sozialmodelle, die gleichsam am Himmel aufgehängt ist, entgegensteht. Begründungsoffenheit ist aber nicht Positionsverzicht. Er legt sich schon aufgrund der Ähnlichkeit im Widerstreit von Gott und Geld nicht nahe. Die wirtschaftethischen Positionierungen sollten mit ihren Abgrenzungen gegen Unter- und Überregulierung, gegen Plutokratie und feindliche Über-

---

nen – Verantwortungsebenen – Handlungsfelder, Stuttgart 2008; ders., Wirtschaftsethik, in: Handbuch der Evangelischen Ethik, a.a.O., 331–400; W. Huber, Ethik, Die Grundfragen unseres Lebens, München 2013, 154 ff.

[62] Selbst die kompetente Verteidigung der Marktökonomie durch T. Jähnichen kommt nicht umhin, die Heilsökonomie der Marktökonomie gegenüberzustellen, obwohl letztere in Gestalt der Sozialen Marktwirtschaft gerade ein „überzeugendes Vermittlungsmodell“ sein soll (Art. Wirtschaftsethik, in: Handbuch der Evangelischen Ethik, a.a.O., 394).

[63] Vgl. Die protestantischen Wurzeln der Sozialen Marktwirtschaft, hg. v. G. Brakelmann u. T. Jähnichen, Gütersloh 1994.

nahmen des Staates als Beute, gegen die Entkoppelung von Chancen und Haftungsrisiken oder von Erfolg und Boni, auch die Begründungsoffenheit für das Konzept Sozialer Markwirtschaft wiederspiegeln. Die aufklärerisch-liberalen Ideen von Freiheit und Gleichheit, an die die Idee des Kapitalismus andocken konnte, ist von einer neu formulierten Idee des Sozialismus nicht grundsätzlich geschieden. Sie erweitert jene Ideen noch um die der Brüderlichkeit, befreit den Sozialismus von Allianzen mit historisch abständigen Konzepten aus dem 19. Jahrhundert und vermisst ihn pragmatisch neu.[64] Das christliche Ethos der Nächstenliebe ist nicht das Gegenteil des Solidaritätsgedankens. Und der religiöse Fokus auf Freiheit und Verantwortung für die eigene Lebensführung in sozio-ökonomischen Kontexten erlaubt es, Linien zu einer Spannungen integrierenden Wirtschaftsordnung zu ziehen, die im Wissen um diese Spannungen deren destruktive Tendenzen limitiert. Diese Spannungen sind dieser Ordnung immanent. Sie machen ihre Produktivität aus, gefährden aber ihr Fungieren auch zugleich. Das zeigt der Blick auf die mit Gott und Geld verbundenen logischen und normativen Grundmuster. Im Spektrum der Begründungen und Reflexionen der Sozialen Marktwirtschaft kann die christlich-protestantische Wirtschaftsethik ihren Beitrag zur Verteidigung dieser von verschiedenen Seiten aus gefährdeten liberalen Ordnung leisten, indem sie gerade ihr Eigenstes anführt: den Vergleich von Gott und Geld.

[64] Vgl. A. Honneth, Die Idee des Sozialismus: Versuch einer Aktualisierung, Berlin 2015.

Literaturverzeichnis

Adorno, Theodor W., Negative Dialektik, Frankfurt a.M. 1975.
Ahrens, Theodor, Vom Charme der Gabe. Theologie interkulturell, Frankfurt a.M. 2008.
Aristoteles, Metaphysik, zit. nach: Philosophische Schriften, Bd. 5 (nach der Übersetzung von Hermann Bonitz bearbeitet von Horst Seidl), Darmstadt/Hamburg 1995.
Aristoteles, Politik, zit. nach: Philosophische Schriften, Bd. 4 (übersetzt von Eugen Rolfes), Darmstadt/Hamburg 1995.

Benjamin, Walter, Kapitalismus als Religion, in: Kapitalismus als Religion, hg. v. Dirk Baecker, Berlin 2003, 15–18.
Bolz, Norbert, Der Kapitalismus – eine Erfindung von Theologen? In: Kapitalismus als Religion, hg. v. Dirk Baecker, Berlin 2003, 187–207.
Brakelmann, Günter u. Jähnichen, Traugott (Hgg.), Die protestantischen Wurzeln der Sozialen Marktwirtschaft, Gütersloh 1994.

Cremer, Georg, Armut in Deutschland. Wer ist arm? Was läuft schief? Wie können wir handeln? München 2016

Dalferth, Ingolf U., Die Wirklichkeit des Möglichen. Hermeneutische Religionsphilosophie, Tübingen 2003.
Delekat, Friedrich, Der Christ und das Geld. Eine theologisch-ökonomische Studie, München 1957.
Dierken, Jörg, Ganzheit und Kontrafaktizität. Religion in der Sphäre des Sozialen, Tübingen 2014.

Dierken, Jörg, Selbstbewusstsein individueller Freiheit. Religionstheoretische Erkundungen in protestantischer Perspektive, Tübingen 2005.

Duchrow, Ulrich u. Nutzinger, Hans G. (Hgg.), Befreiung vom Mammon, Münster 2015.

Ebach, Jürgen, Frettlöh, Magdalene L., Weinrich, Michael u. Gutmann, Hans-Martin (Hgg.), Leget Anmut in das Geben, Gütersloh 2001.

EPD-Dokumentation 22/2002: „Processus confessionis. Dient Gott, nicht dem Mammon".

Ernst, Wolfgang, Geld. Ein Überblick aus historischer Sicht, in: Gott und Geld, hg. v. Michael Welker u. Cilliers Breytenbach, JBTh 21 (2006), 3–21.

Graeber, David, Schulden. Die ersten 5000 Jahre (engl. 2011), Stuttgart [7]2012.

Grözinger, Robert, Jesus der Kapitalist. Das christliche Herz der Marktwirtschaft, München 2012.

Halbmayr, Alois, Gott und Geld in Wechselwirkung. Zur Relativität der Gottesrede, Paderborn 2009.

Henrich, Dieter, Denken und Selbstsein. Vorlesungen über Subjektivität, Frankfurt a.M. 2007.

Hörisch, Jochen, Gott, Geld, Medien. Studien zu den Medien, die die Welt im Innersten zusammenhalten, Frankfurt a.M. 2004.

Hörisch, Jochen, Man muss dran glauben. Die Theologie der Märkte, München 2013.

Honneth, Axel, Die Idee des Sozialismus: Versuch einer Aktualisierung, Berlin 2015.

Huber, Wolfgang, Ethik. Die Grundfragen unseres Lebens, München 2013.

Huber, Wolfgang, Gott und Geld. Christliche Ethik und wirtschaftliches Handeln, in: Kontinuität und Umbruch im deutschen Wirtschafts- und Sozialmodell, Jahrbuch Sozialer Protestantismus 1, Gütersloh 2007, 62–71.

Hübner, Jörg, Macht euch Feinde mit dem ungerechten Mammon! Grundsatzüberlegungen zu einer Ethik der Finanzmärkte, Stuttgart 2009.

Jähnichen, Traugott, Wirtschaftsethik, in: Handbuch der Evangelischen Ethik, hg. v. Wolfgang Huber, Torsten Meireis u. Hans-Richard Reuter, München 2015, 331–400.

Joas, Hans, Die Logik der Gabe und das Postulat der Menschenwürde, in: Gott, Geld und Gabe, hg. v. Christof Gestrich, BThZ, 21 (2004), Beiheft, 16–27.

Kasch, Wilhelm F., Geld und Glaube, Paderborn 1979.

Kocka, Jürgen, Geschichte des Kapitalismus, München 2013.

Luhmann, Niklas, Die Wirtschaft der Gesellschaft, Frankfurt a.M. 1994.

Luhmann, Niklas, Funktion der Religion, Frankfurt a.M. 1977.

Luther, Martin, Der große Katechismus, in: BSLK, Göttingen 1930, 543–733.

Macho, Thomas u. Sloterdijk, Peter, Gespräche über Gott, Geist und Geld, Freiburg i.Br. 2014.

Marquard, Friedrich-W., Gott oder Mammon, in: Einwürfe 1, hg. v. dems., Dieter Schellong u. Michael Weinrich, München 1983, 176–216.

Marx, Karl, Das Kapital. Kritik der politischen Ökonomie, Bd. 1 (1867), zit. nach MEW 23, Berlin 1977.

Mauss, Marcel, Die Gabe. Form und Funktion des Austauschs in archaischen Gesellschaften, Frankfurt a.M. 1968.

Meckenstock, Günter, Wirtschaftsethik, Berlin/New York 1997.

Nida-Rümelin, Julian, Ungleich ist nicht immer ungerecht, in: FAZ, 19.12.2016, 10.

Nietzsche, Friedrich, Zur Genealogie der Moral, in: KSA, Bd. 5, hg. v. Giorgio Colli u. Mazzino Montinari, Berlin ^{2}1988, 244–412.

Piketty, Thomas, Das Kapital im 21. Jahrhundert (frz. 2013), München 2014.

Rosa, Hartmut, Beschleunigung. Die Veränderung der Zeitstrukturen in der Moderne, Frankfurt a.M. 2005.

Rosa, Hartmut, Resonanz. Soziologie der Weltbeziehung, Berlin [3]2016.

Ruster, Thomas, Der verwechselbare Gott. Theologie nach der Entflechtung von Christentum und Religion, Freiburg i.Br. 2000.

Schleiermacher, Friedrich Daniel Ernst, Über die Religion. Reden an die Gebildeten unter ihren Verächtern (1799), Hamburg 1970.

Schumpeter, Joseph, Kapitalismus, Sozialismus und Demokratie (engl. 1942), Stuttgart 2005.

Siep, Ludwig, Der Staat als irdischer Gott. Genese und Relevanz einer Hegelschen Idee, Tübingen 2015.

Simmel, Georg, Philosophie des Geldes (1900), in: GA Bd. 8, hg. v. David P. Frisby u. Klaus Christian Köhnke, Frankfurt a.M. 1989.

Simmel, Georg, Das Geld in der modernen Cultur, in: GA Bd. 5 Aufsätze und Abhandlungen 1894–1900, hg. v. Heinz-Jürgen Dahme, David P. Frisby u. Otthein Rammstedt, Frankfurt a.M. 1992, 178–196.

Smith, Adam, Der Wohlstand der Nationen. Eine Untersuchung seiner Natur und seiner Ursachen (engl.: An Inquiry into the Nature and Causes of the Wealth of Nations, 1776), übers. v. Horst Claus Recktenwald, München [11]2005.

Troeltsch, Ernst, Der Protestantismus und die Entstehung der modernen Welt, München/Berlin [4]1920.

Wagner, Falk, Gott oder Geld. Zur Geldbestimmtheit der kulturellen und religiösen Lebenswirklichkeit, Stuttgart 1985.

Wagner, Falk, Gott oder Geld, in: Ders., Christentum in der Moderne, hg. v. Jörg Dierken u. Christian Polke, Tübingen 2014, 100–119.

Weber, Max, Die protestantische Ethik und der Geist des Kapitalismus, in: Gesammelte Aufsätze zur Religionssoziologie I, Tübingen [8]1988, 1–236.

Weber, Max, Wirtschaft und Gesellschaft. Grundriss der verstehenden Soziologie, Tübingen [5]1972.

Wegner, Gerhard, „So hatte das Ludwig Erhard aber nicht gemeint“. Transformationen der Sozialen Marktwirtschaft, in: Jahrbuch Sozialer Protestantismus 1, Gütersloh 2007, 162–207.